HISTOIRE DE LA PRIN

su

HISTOIRE DE LA COMTESSE DE TENDE

Paru dans Le Livre de Poche :

LA PRINCESSE DE CLÈVES

MADAME DE LAFAYETTE

Histoire de la princesse de Montpensier

suivi de

Histoire de la comtesse de Tende

ÉDITION ÉTABLIE, PRÉSENTÉE ET ANNOTÉE
PAR LAURENCE PLAZENET

LE LIVRE DE POCHE
Libretti

Laurence Plazenet est maître de conférences à la Sorbonne. Elle a en particulier fait paraître *L'Ébahissement et la Délectation : réception comparée et poétiques du roman grec en France et en Angleterre au XVIᵉ et au XVIIᵉ siècle* (Champion, 1997) et *La Littérature baroque* (Éditions du Seuil, 2000).

© Librairie Générale Française, 2003.
ISBN : 978-2-253-19314-2 – 1ʳᵉ publication LGF

PRÉFACE

« Avez-vous lu *La Princesse de Montpensier* ? » demande l'un des personnages que l'abbé de Villars met en scène dans son traité *De la délicatesse* (1671) : « C'est un petit chef-d'œuvre. Il a réussi admirablement et on le lira toujours avec plaisir parce qu'une grande partie des faiblesses du cœur y sont excellemment ménagées. » Parue en 1662, quelques mois après que Bossuet eut prononcé le *Carême du Louvre,* quand Louis XIV prend le soleil pour emblème de son règne, le lendemain de la mort de Pascal, *La Princesse de Montpensier* fonde l'art classique de la nouvelle. Joyau miniature, elle condense goût du faste et inclination à la résipiscence.

Quoique l'œuvre ait été publiée sans nom d'auteur, plusieurs billets dans la correspondance de Mme de Lafayette ne laissent aucun doute sur son attribution. La comtesse se plaint qu'un laquais lui en a dérobé une copie manuscrite et la fait circuler dans le monde. Vraisemblablement se résout-elle à la faire imprimer pour endiguer la diffusion de versions non autorisées, voire la parution d'une édition pirate. Elle ne se charge pas elle-même de l'opération cependant, mais en confie le soin à un expert, Gilles Ménage. Poète, érudit, grammairien réputé (il a publié un très considérable dictionnaire étymologique sous le titre *Origines de la langue française*, en 1650), celui-ci est son ami et son mentor depuis une dizaine d'années. Il amende le style de l'ouvrage et fait office d'intermédiaire avec le libraire. Mme de Lafayette manifeste l'impatience d'un jeune auteur. « J'ai bien envie de vous voir et bien envie de voir mes œuvres sortant de la presse », écrit-elle à Ménage le 17 août 1662. Elle insiste le lendemain : « Je voudrais bien demain matin la première feuille, si elle est tirée. » L'anonymat sous lequel paraît *La Princesse de Montpensier* ne signifie pas que la comtesse désavoue son œuvre. Fréquent au XVIIᵉ siècle, cet usage représente pour elle une nécessité.

Un aristocrate ne saurait faire profession ou commerce d'aucun de ses talents. Grande dame, Mme de Lafayette ne peut endosser le statut d'auteur sans déroger. Elle s'en garde avec d'autant plus de précaution qu'elle doit son statut essentiellement à son mariage et qu'elle est une femme. Ses origines et son sexe lui imposent une scrupuleuse modestie. Ces réserves sont redoublées du fait que *La Princesse de Montpensier* est un texte de fiction : divertissement, elle est l'objet d'une condamnation religieuse. Incarnée en l'espèce du roman, elle tombe sous le coup de deux anathèmes supplémentaires. Anathème moral, car le roman raconte des histoires d'amour. Il est accusé de séduire, de débaucher. Anathème poétique : du point de vue des belles-lettres, le roman est un inconnu. Postérieur à Aristote, le genre est dépourvu de toute reconnaissance théorique. *La Princesse de Montpensier* raconte d'autre part l'histoire d'une passion adultère qu'aurait éprouvée la grand-mère de la duchesse de Montpensier, la cousine germaine de Louis XIV : l'initiative est téméraire.

L'anonymat relève enfin d'une stratégie de lecture. Celle-ci est clairement énoncée dans l'avis du libraire au lecteur de *La Princesse de Clèves*. En dissimulant son identité, un auteur refuse d'utiliser l'autorité éventuelle de son nom pour influer sur la réception de son texte. Ce faisant, il procède à l'inverse du docte ou du spécialiste qui invoque ses titres pour mieux persuader son lecteur. Le dédain de cette ressource est la marque d'une négligence aristocratique et mondaine. Prétention à un amateurisme de bon ton, la pose pointe un milieu et une esthétique. Cette manifestation d'une noble désinvolture est un faire-valoir concernant une œuvre de fiction destinée d'abord à plaire.

La Comtesse de Tende n'a pas bénéficié du même sort.

L'œuvre est restée inédite jusqu'en 1718. Sa paternité ne peut être assurément établie. Sa troisième édition figure dans la livraison de janvier 1776 de la *Bibliothèque universelle des romans* (p. 186-198). L'éditeur de la collection imprime la nouvelle à la suite de *La Princesse de Clèves* (1678). Il voit dans la controverse que l'aveu de l'héroïne du roman avait suscitée l'acte de naissance de *La Comtesse de Tende*. Ses détracteurs avaient reproché à l'épisode son invraisemblance : « [Mme de Lafayette] à qui ce reproche avait été sensible et qui vécut sans pouvoir ramener le public au principe qui avait conduit son esprit, imagina dans la suite un moyen de se justifier qui ne se serait pas offert sans doute à une imagination plus commune ou à une âme moins éclairée. Elle composa un nouveau Roman dans lequel une femme avec les mêmes principes et les mêmes vertus qu'avait Mme de Clèves, fait à son mari un aveu bien plus extraordinaire que celui que renferme la première fiction. Ce Roman est *La Comtesse de Tende*. [...] Cette fiction charmante doit suivre, dans notre Bibliothèque, l'Ouvrage dont elle est une progression et une justification. »

Il est douteux que *La Comtesse de Tende* soit « une progression et une justification » de *La Princesse de Clèves*. Il existe de nombreuses récurrences entre les scénarios de *La Comtesse de Tende,* de *La Princesse de Clèves* et de *La Princesse de Montpensier*. Elles témoignent de liens entre les trois œuvres qui postulent très fortement une commune attribution à Mme de Lafayette. Mais une comparaison scrupuleuse révèle aussi que *La Comtesse de Tende* expose toujours les situations les plus crues et les plus moralement répréhensibles, tandis que *La Princesse de Clèves* procède, sinon à un apaisement des conflits, du moins à une amorce de résolution en ménageant à l'héroïne la possibilité d'une fuite salutaire. *La Princesse de Montpensier* se situe entre les deux. Ce processus suggère que *La Comtesse de Tende* est le plus ancien des trois textes et qu'elle constitue une épure à partir de laquelle se sont étoilées *La Princesse de Montpensier* et *La Princesse de Clèves*. Un billet de Mme de Lafayette à Ménage contient une phrase qui se rapporte peut-être à *La Comtesse de Tende* : « Je ne vous envoie point cette petite histoire, qui ne vaut pas la peine que vous la récriviez ». Une allusion que le billet inclut à un « manifeste de M. Fouquet » implique qu'il a été écrit entre 1662 et 1664 (arrêté le 5 septembre 1661, le surintendant des Finances est condamné en 1664). S'il est bien question de *La Comtesse de Tende*, la pièce signifie que la nouvelle est à peu près contemporaine de *La Princesse de Montpensier* et que Mme de Lafayette décida de ne pas la publier, peut-être parce qu'elle jugeait qu'elle correspondait à un état déjà antérieur de son évolution littéraire et morale. L'ouvrage, dans la violence de sa concision, est pourtant tout à fait remarquable et sa lecture en parallèle à *La Princesse de Montpensier* permet de saisir avec le plus d'acuité la contribution de Mme de Lafayette au renouvellement de la fiction narrative une quinzaine d'années même avant la parution de *La Princesse de Clèves*.

Art et morale de la nouvelle

Contrairement à une idée répandue, le XVIIe siècle est déjà un Grand Siècle du roman. Plus de 1 200 titres nouveaux paraissent entre 1600 et 1700 et le genre se signale par l'abondance de ses formes : roman de chevalerie, roman pastoral illustré en particulier par *L'Astrée* d'Honoré d'Urfé, histoires comiques, brèves histoires tragiques, long roman sérieux élaboré à partir du modèle des *Éthiopiques* d'Héliodore (IVe siècle après J.-C.) et qui triomphe sous la forme du roman héroïque entre 1630 et 1660. Les lettres que la jeune Mme de Lafayette adresse à Ménage réfléchissent la curiosité et l'admiration qu'elle éprouve pour *Le Grand Cyrus* (10 volumes, 1649-1653) et la *Clélie* (10 volumes, 1654-1660) de Mlle de Scudéry. Elle lit sans doute aussi le *Polexandre* de Marin Le Roy de Gomberville (cinq versions de 1619 à 1641), *Cassandre* (1642-1645), *La Cléopâtre* (1646-1658) et *Faramond ou l'Histoire de France* (1661-1670) de Gautier de La Calprenède.

Le roman se veut épopée en prose. Un narrateur omniscient raconte les aventures qui entraînent deux parfaits amants d'un bout à l'autre du bassin méditerranéen. Le récit se clôt après maints hauts faits et vertueuses actions sur les noces des jeunes gens et, le plus souvent, leur accession au trône, car ils sont prince et princesse du sang. L'intrigue principale est entrecoupée par l'insertion de récits intercalés. Rapportés par leur protagoniste ou un confident de ce dernier, ils élucident l'histoire du héros et de sa bien-aimée avant le début de la narration, mais relatent aussi celle d'autres couples bâtis sur le même patron. Un style périodique ample, l'insertion de nombreuses lettres, pièces en vers, digressions, descriptions et conversations font de ces ouvrages des albums du beau langage autant que du beau geste. Le roman entend illustrer un art de vivre et de dire dont l'exemplarité doit susciter l'émulation du lecteur. Ses représentants sont selon l'érudit Pierre-Daniel Huet, auteur d'un pionnier *Traité de l'origine des romans* (1670), des « précepteurs muets ». Mais cette intention pédagogique et la codification progressive du genre le conduisent à multiplier les anachronismes et les excès. L'adéquation des textes et des attentes du public s'érode dès 1650.

Jean Regnault de Segrais, un familier de Mlle de Montpensier, auteur de plusieurs grands romans, se livre à une première critique en forme dans *Les Nouvelles françaises ou les Divertissements de la princesse Aurélie* (1656). Aurélie, Aplanice, Frontenie, Gélonide, Silerite et Uralie se promènent. Parvenues en un lieu idyllique de convention, elles entament une conversation sur le roman. L'échange a lieu sur le mode de l'entretien informel, sans dogmatisme. Frontenie et Uralie sont favorables au genre tel qu'il a cours et font valoir leurs arguments. Les autres épinglent la longueur des œuvres, leurs entorses à la vérité historique, le choix d'un cadre et de personnages anciens et exotiques et une emphase qui les condamnent, selon l'optique médiocre qu'elles élisent, à l'invraisemblance. Segrais préconise de leur substituer des narrations plus brèves, ancrées dans un univers historique et géographique moins étranger au lecteur, l'usage de noms aux consonances françaises, le choix de personnages dont la condition ne soit pas nécessairement royale ni les actions toutes admirables. Il suggère d'écrire des « nouvelles » plutôt que des « romans ».

La nouvelle dispose d'une solide tradition en France au XVIIe siècle. Combinaison de l'*exemplum* médiéval, du lai et du fabliau avec le modèle du *Décaméron* de l'Italien Boccace, *L'Heptaméron* (1559) de Marguerite de Navarre lui a donné ses lettres de noblesse. Insigne distinction, *La Princesse de Clèves* contient une allusion à ce dernier recueil. Mais l'art de la nouvelle est revivifié au XVIIe siècle par l'apport de l'histoire comique, de l'histoire tragique et, surtout, de la nouvelle espagnole. Parues en 1613, les *Nouvelles exemplaires* de Cervantès ont été traduites en français dès 1615 par François de Rosset. En 1623, la même année que son *Histoire comique de Francion,* Charles Sorel publie des *Nouvelles françaises*. Il adapte en France le souci de « réalisme social » (J. Lafond), l'attention au détail et à la vraisemblance de la nouvelle espagnole, qui ne s'interdit cependant pas de recourir au romanesque. Le principal apport de Segrais à ce riche filon consiste à insister sur le caractère récent, voire actuel, des événements que la nouvelle rapporte pour établir entre l'histoire et elle un lien inédit. Marguerite de Navarre ou Sorel évoquent des faits contemporains. Ils ne s'intéressent guère néanmoins à la relation de la matière narrée avec l'histoire dans laquelle elle s'insère. Segrais pose en revanche que la divergence essentielle entre roman et nouvelle réside dans leur attitude réciproque face à l'histoire : « il me semble que c'est la différence qu'il y a entre le roman et la nouvelle, que le roman écrit ces choses comme la bienséance le veut et à la manière du poète, mais que la nouvelle doit un peu davantage tenir de l'histoire et s'attacher plutôt à donner les images des choses comme d'ordinaire nous les voyons arriver que comme notre imagination se les figure ».

Plagiant une célèbre comparaison de la poésie et de l'histoire faite par Aristote dans la *Poétique* (1451b), Segrais associe nouvelle et histoire à rebours du roman, placé du côté de la poésie, et associe la nouvelle à une poétique du fait, du particulier, par opposition à la poétique de l'exemplarité idéale qui sous-tend le grand roman. Le renouvellement qu'il promeut du roman en nouvelle ne relève pas seulement d'un débat esthétique. Il suppose une autre morale de la fiction. Il ne s'agit plus d'éblouir, mais d'avertir. Plus d'exalter, mais de détromper. Ce renversement entérine une mutation générale des esprits à la fin de la période baroque.

La Princesse de Montpensier donne leur première véritable inscription à ces propositions. L'œuvre est révolutionnaire d'abord dans sa présentation matérielle. D'une grande brièveté (environ 11 000 mots), elle paraît de façon autonome et sans récit-cadre. L'intrigue se déroule en France et dans un passé proche, sous le règne de Charles IX (1560-1574). Ses personnages portent des noms français et même des noms célèbres de l'aristocratie qui sont familiers aux lecteurs de l'époque. L'auteur, quand il mentionne des lieux, se réfère à une géographie réelle et familière (Angers, Loches, Paris). L'œuvre débute avec les noces de son héroïne et remplace le récit des pures et constantes amours de deux jeunes gens avant leur mariage par celui de la passion malheureuse et destructrice d'une femme mariée pour un autre que son époux. La saga devient chronique privée. Les protagonistes cessent d'être des rois, des princes ou des princesses appelés à régner. Leur nombre est réduit. Ouverture *in medias res* et récits intercalés du grand roman disparaissent. L'histoire est racontée de façon linéaire. Dédaignant tout commentaire explicatif, toute glose, l'auteur procède à une exposition serrée, hâtive, de faits qu'elle livre apparemment bruts. La morale, dans la dernière phrase, est minimaliste : « Elle mourut en peu de jours, dans la fleur de son âge, une des plus belles princesses du monde et qui aurait été la plus heureuse si la vertu et la prudence eussent conduit toutes ses actions. »

La Comtesse de Tende suit les mêmes principes. Sa concision est encore plus grande (5 000 mots). Commençant avec le mariage de l'héroïne pendant la première année du règne de Charles IX, elle est entièrement ramassée autour des tourments de ses personnages. La silhouette d'un écuyer les escorte un moment : elle est si floue que les manuscrits orthographient différemment son nom, parfois à l'intérieur de la même copie. C'est à peine si trois brefs dialogues, deux monologues, trois billets rompent un instant le cours du récit. Il s'achève sur la mort solitaire et honteuse de l'héroïne, repoussoir du rêve de majesté que le roman héroïque cultive. Mme de Lafayette semble renverser plus que renouveler le genre. Elle fonde l'idée sans précédent d'une antinomie du roman et de la nouvelle, associant celle-ci à une conception résolument pessimiste de l'existence.

Fausses vérités et vraies misères de l'histoire

Segrais suggérait le tissage de liens renforcés entre histoire et nouvelle. La première phrase de *La Comtesse de Tende* évoque des personnages historiques et situe le début du récit lors de la première année de la régence de Catherine de Médicis. Mme de Lafayette emprunte à l'histoire la princesse de Neufchâtel, son veuvage, le mariage de Clarisse Strozzi avec Honorat de Savoie, la mort précoce de la jeune femme. Dans *La Princesse de Montpensier,* l'héroïne, son mari, le duc de Guise et sa parentèle, Charles IX, le duc d'Anjou, Marguerite de Navarre, la princesse de Portien sont tous des personnages historiques. L'aventure de la princesse de Montpensier et du duc de Guise est insérée dans la trame bien connue des rivalités des maisons de Bourbon et de Guise. Mme de Lafayette suit la chronique mondaine de l'époque quand elle mentionne les mariages du beau-père de l'héroïne, du duc de Guise, de Madame. Les aléas des guerres de Religion rythment le récit. L'auteur s'appuie sur les travaux d'historiens patentés : l'*Histoire des guerres civiles* d'Enrico Davila (traduite en français par Jean Baudoin en 1644), l'*Histoire de France* de François-Eudes de Mézeray (3 volumes, 1643-1651), la *Vie de Louis de Bourbon, surnommé le Bon, premier duc de Montpensier* de Nicolas Coustureau (1642) et, probablement, les *Mémoires* de Marguerite de Valois (1628).

Mme de Lafayette fait clairement allusion au siège de Paris en 1567, aux batailles de Saint-Denis et de Jarnac, à la paix de Longjumeau, à la Saint-Barthélemy. Ces événements ne sont jamais racontés, mais la fiction tire un fort pouvoir de persuasion d'être mêlée à des faits véridiques qu'il ne vient pas à l'esprit du lecteur de mettre en doute. Une « relation harmonique » (J. Mesnard) unit aussi l'histoire et la fiction. L'évocation du massacre de la Saint-Barthélemy, par exemple, intensifie l'impression de désolation qui se dégage du finale de la nouvelle. *La Princesse de Montpensier* et *La Comtesse de Tende* sont respectivement intitulées dans leurs versions manuscrites : « Histoire de la Princesse de Montpensier sous le règne de Charles IXᵉ, Roi de France » et « Histoire de la comtesse de Tende », tandis que le terme « nouvelle » qui suit le titre des autres œuvres du genre au cours de la période est absent de leurs versions imprimées. Cet écart paraît symptomatique d'une préoccupation spécifique de Mme de Lafayette, qui tiendra encore à présenter *La Princesse de Clèves* comme « une parfaite imitation du monde de la Cour », des « Mémoires », plutôt qu'un roman.

L'auteur prend cependant des libertés étonnantes avec son matériau. L'aventure et la mort prêtées à Mme de Tende sont de grossières contre-vérités. Unanimement célébrée par ses contemporains, la véritable Mme de Tende mourut des suites d'une chute en mer qu'elle fit lors d'une promenade. La princesse de Neufchâtel ne se remaria jamais et il n'existe pas de rumeur d'un tel projet qui eût pu alimenter l'imagination de Mme de Lafayette. Le chevalier de Navarre, du reste, est un personnage imaginaire. Le comte de Tende, loin de refuser de jamais se remarier, « les femmes lui faisant horreur », eut une seconde épouse et ne mourut pas « à un âge très avancé », mais à trente-quatre ans, empoisonné pour des raisons politiques.

Mme de Lafayette ne contredit pas l'histoire établie dans *La Princesse de Montpensier*. Invente-t-elle le personnage du comte de Chabannes ? Il porte néanmoins le nom d'une famille du Limousin bien connue. Elle néglige que le château de Champigny fut assiégé et se rendit en novembre 1568 pour y situer les retrouvailles du duc de Guise et de Mme de Montpensier, mais l'omission a une valeur largement métaphorique, le séjour du duc de Guise et du duc d'Anjou auprès de la princesse paraissant à son époux une offensive en règle. À première vue, Mme de Lafayette écrit dans les blancs de l'histoire. La biographie de son héroïne, Renée d'Anjou, comporte en effet de nombreuses zones d'ombre. Bien que celle-ci ait été une grande dame possédant des biens immenses, aucun document ne subsiste à son sujet. La date de sa mort et le lieu de son inhumation sont inconnus. En fait, cet étonnant mutisme dissimule vraisemblablement un scandale étouffé par ses contemporains. — Mme de Lafayette cancanière ?

La comtesse témoigne de connaissances remarquables sur l'architecture et la disposition intérieure du château de Champigny, où se déroule une partie du récit. Or le château est presque entièrement détruit quand elle écrit. Propriété de Mlle de Montpensier, Richelieu l'avait extorqué à son père en 1632. Puis, il l'avait rasé pour y élever son duché. La comtesse fonde donc nécessairement son évocation sur des archives inédites, des sources privées, voire orales. Segrais raconte dans ses *Mémoires, anecdotes* (1712) que, découvrant Champigny dont elle avait obtenu la restitution en 1657, Mlle de Montpensier souhaita qu'on l'informât de ses aïeux qui l'avaient habité. « Pour se divertir », Mme de Lafayette fit passer *La Princesse de Montpensier* « pour une pièce écrite sur la fin du XVIe siècle qui s'était trouvée avec les titres de la maison de Montpensier ». La remarque suggère que Mme de Lafayette connaissait bien des documents anciens et rares. En rapportant que Mlle de Montpensier donna dans le panneau (quoiqu'on fût surpris dans son entourage « de trouver tant de délicatesse dans une pièce écrite en ce temps-là »), elle signifie aussi que l'aventure prêtée à Renée d'Anjou ne parut pas incroyable à sa fière héritière. Certes, les allégations de Segrais sont tardives. Elles datent d'une époque où l'homme de lettres, chassé par Mlle de Montpensier, a trouvé asile chez Mme de Lafayette. Il peut flatter sa nouvelle protectrice au détriment de la première. La soudaine et mystérieuse interruption des relations de Mme de Lafayette avec Mlle de Montpensier après la parution de *La Princesse de Montpensier* accrédite toutefois la thèse que la comtesse aurait divulgué une faute taboue. La nouvelle tait l'existence du fils de son héroïne, né à Mézières le 12 mai 1573, neuf mois après la visite supposée du duc de Guise à Champigny. Il reçut le prénom d'Henri, celui, justement, du duc de Guise. Ce silence ne serait-il pas éloquent ?

Présentant *La Princesse de Montpensier* dans sa *Bibliothèque française* (1664), Sorel écrit : « On a cru y trouver une aventure de ce siècle sous les noms de quelques personnes de l'ancienne cour. » Le texte recèle en effet de troublantes similitudes avec l'histoire de Charlotte-Marie de Daillon, demoiselle du Lude. Celle-ci avait épousé le 23 septembre 1653, à dix-neuf ans, le duc de Roquelaure, âgé d'une quarantaine d'années. Tallemant des Réaux raconte dans ses *Historiettes* que la jeune femme, « une des plus belles, pour ne pas dire la plus belle de la cour », nantie de nombreux soupirants, eut du mal à se résoudre à cette union : elle éprouvait de l'inclination pour le marquis de Vardes. Le duc plaça auprès de sa femme un abbé chargé « d'empêcher qu'elle fît aucune galanterie ». Mais la Belle gagna le Cerbère et devint la maîtresse de Vardes, qui l'abandonna au bout de quelque temps. Le numéro du 25 décembre 1658 de *La Muse historique* (une gazette mondaine rédigée en vers que Jean Loret publia de 1650 à 1665) annonce avec émotion la mort en couches de Mme de Roquelaure. L'événement toucha vivement les contemporains. La jeune femme n'avait que vingt-trois ans et Tallemant rapporte qu'elle démentit mourir des suites de son accouchement, mais à cause de la « passion ardente et cachée qu'elle avait dans le cœur ».

Les liens de ce fait divers avec le sort de la princesse de Montpensier sont évidents : mariage de l'héroïne arrangé par sa famille au mépris de ses sentiments, liaison bientôt nouée avec un homme qu'elle aimait avant de se marier, complicité du tiers chargé de veiller à la vertu de la jeune femme, délaissement, mort de douleur. L'anecdote a pu nourrir aussi *La Comtesse de Tende*. Il n'y est pas question d'une passion conçue avant le mariage ni du rôle particulier d'un confident, mais la nouvelle évoque un adultère consommé et la mort de l'héroïne après une naissance. Mme de Lafayette avait ses entrées à la cour. Elle connaissait le duc de Roquelaure. Elle ne put ignorer l'histoire pathétique de sa femme. Elle imagine d'ailleurs le duc d'Anjou amoureux de Mme de Montpensier comme Philippe d'Orléans, également duc d'Anjou, passait pour l'avoir été de Mme de Roquelaure.

Mme de Lafayette fait subir à l'histoire un profond travail de subversion, puisqu'elle lui substitue progressivement la relation d'une histoire secrète et scandaleuse. Ainsi annonce-t-elle l'assassinat en 1588 du duc de Guise sur l'ordre du duc d'Anjou, devenu Henri III, pour sous-entendre qu'il fut le résultat de la jalousie et de la haine que le prince conçut envers son rival plus heureux auprès de la princesse de Montpensier. La grande histoire apparaît comme un maquillage trompeur, déguisement de misères qui relèvent tout droit du fait divers. Les deux nouvelles confinent ainsi à l'histoire tragique. Inspiré des *Novelle* (1554) de l'Italien Matteo Bandello (adaptées en français par Pierre Boaistuau et François de Belleforest en 1559 et 1560), perpétué au XVIIᵉ siècle par les *Histoires mémorables et tragiques de ce temps* (1614 et 1620) de François de Rosset, *L'Amphithéâtre sanglant* et *Les Spectacles d'horreur* (1630) de Jean-Pierre Camus, le genre tire de la chronique judiciaire la relation de crimes et d'atrocités diverses commis sous l'emprise de la passion. Mme de Lafayette se situe dans cette continuité en racontant des adultères, en prêtant tromperies et mensonges à ses personnages, en les conduisant presque tous à la mort. Le glissement de l'histoire à l'histoire tragique révèle de la part de Mme de Lafayette une volonté de démystifier la première. *La Comtesse de Tende* et *La Princesse de Montpensier* s'emploient à une œuvre de démasquement, de dénonciation, qui relève d'une autre logique que le simple retournement d'un discours de l'exemple dans le roman à un discours du contre-exemple dans la nouvelle. Pareille décomposition suppose dans l'existence un théâtre d'apparences trompeuses. L'écart trahit une rupture d'ordre théologique entre Mme de Lafayette et ses devanciers.

La fausseté des vertus

Mme de Lafayette donne dans ses nouvelles une représentation sévère de la condition humaine, dominée par l'amour-propre, remplie de contradictions, pleine de vanités. Elle fait sienne une vision augustinienne du monde et de l'homme. Pour saint Augustin, l'homme a abandonné Dieu en commettant le péché originel et Dieu, en retour, l'a abandonné. L'amour de soi, exclusif, tyrannique, et ses manifestations (intérêts et concupiscences) règnent absolument dans l'univers de la chute.

La Comtesse de Tende contient deux occurrences du terme même d'« amour-propre ». Il est employé la première fois à propos de l'héroïne lorsque le chevalier de Navarre montre de la passion pour elle : « son amour-propre en fut flatté. » Par contrecoup, elle sent une « inclination violente » pour lui. Mme de Tende aime dans le chevalier de Navarre l'adoration qu'il montre pour sa propre personne. Un peu plus tôt, elle se défaisait de sa passion pour son mari quand sa beauté devenait l'objet d'une célébration générale : « La beauté de la comtesse augmenta. Elle fit paraître beaucoup d'esprit. Le monde la regarda avec admiration. Elle fut occupée d'elle-même et guérit insensiblement de sa jalousie et de sa passion. » Pareil enchaînement suggère que, dans la passion qu'elle sollicitait de son mari, la comtesse recherchait d'abord la manifestation d'une « admiration » dont elle fût le sujet. Peu importe l'amant sur qui se porte sa passion, car celle-ci est en fait profondément narcissique.

La seconde occurrence d'« amour-propre » a lieu quand le comte de Tende surprend sa femme au moment où elle vient d'apprendre la mort du chevalier de Navarre. La vivacité de sa douleur l'étonne. Il perce intuitivement le secret de son épouse : « Il lui restait néanmoins ce doute que l'amour-propre nous laisse toujours pour les choses qui coûtent trop cher à croire. » La formule dénonce ironiquement la complaisance à soi-même dont chacun fait preuve. Le tour sentencieux de la phrase et l'usage du pronom personnel de la première personne du pluriel désignent dans l'attitude du comte un réflexe général.

Les conduites n'ont qu'un mobile : l'intérêt. Mme de Lafayette insiste le plus sur les ravages de l'ambition, qui a chez elle valeur de leitmotiv. Les maisons de Bourbon et de Montpensier se disputent Mlle de Mézières pour « l'avantage » que son alliance peut leur apporter, sans aucun souci des individus en cause dans ces tractations. Le duc de Guise encourage l'inclination que Madame ressent pour lui sans aimer la princesse : séducteur cynique, il ne songe qu'à la grandeur d'une telle alliance. Le chevalier de Navarre agit de la même façon. Ces calculs ne sont pas le propre d'odieux arrivistes. Mme de Montpensier aussi bien que la comtesse de Tende dominent passion et jalousie à l'instant d'inciter leur amant à conclure des alliances prestigieuses. L'intérêt est à ce point le motif spontané de tout acte que les comportements qui lui échappent font l'objet de soupçons infondés. La reine mère ne peut se persuader que le comte de Chabannes, qui appartenait au parti des huguenots, a passé à celui des catholiques par pure amitié pour le prince de Montpensier. Soupçonnant un intérêt secret dans son acte, elle résout de le faire arrêter au début de la guerre civile.

Le monde dans lequel évoluent les personnages de Mme de Lafayette est dominé par le mensonge. Le duc d'Anjou est doté d'une dissimulation « naturelle ». Enceinte, la comtesse de Tende envisage d'abord de duper son mari et de lui attribuer sa grossesse. Ces impostures sont pour partie imputables aux règles de la vie de cour qui impose le culte du paraître et contraint les individus à cacher leurs faiblesses. Mais l'analyse de la cour est moins développée dans les deux nouvelles que dans *La Princesse de Clèves* et les personnages de Mme de Lafayette ne se mentent pas moins à eux-mêmes qu'aux autres. Mme de Tende croit embrasser « la vertu et la pénitence » au cours des derniers mois de sa vie, mais demeure en réalité plus préoccupée par le souci de sa

réputation et les apparences de sa conduite dans le monde
que par son comportement *sub specie æternitatis*. La princesse de Montpensier acceptant de recevoir Guise de nuit
à Champigny se berce jusqu'au dernier moment de l'illusion qu'elle ne fera pas abaisser le pont-levis qui doit
permettre au duc de monter à ses appartements.

Mme de Lafayette confère au hasard ou « fortune » un
rôle qui met en relief la misère et l'impuissance de ses
personnages. C'est par hasard que le duc de Guise revoit
Mme de Montpensier et dans des circonstances propres
à toucher son imagination. Par hasard que la princesse
s'adresse au duc d'Anjou plutôt qu'au duc de Guise lors
du bal où le premier perce le secret de leur entente ; par
hasard, que le prince de Montpensier ne dort pas la nuit
où le duc vient voir sa femme. Ces coïncidences donnent
le sentiment que le monde est absurde. Il est aussi injuste.
Ayant détourné sur lui-même la colère du prince de
Montpensier le soir où Guise s'est rendu à Champigny,
le comte se réfugie à Paris. Il y est assassiné par erreur
le jour de la Saint-Barthélemy. Innocent et généreux, il
meurt, tandis que le coupable prospère.

Les apparences magnifiques sur lesquelles s'ouvrent
La Comtesse de Tende et *La Princesse de Montpensier*
sont, au bout du compte, entièrement démenties. Les différents protagonistes sont tous initialement présentés
comme beaux, jeunes, spirituels et parfaitement nobles.
Peu à peu, ils se révèlent égoïstes, brutaux, endurcis dans
la faute. Inaugurée par le récit de noces brillantes, la narration s'achève par l'évocation de décès solitaires et misé-
rables. Mme de Lafayette introduit dans son récit des
« aventures » qui renvoient au roman. Rencontrant
Mme de Montpensier sur une barque, au milieu d'une
rivière, le duc d'Anjou et le duc de Guise voient dans
l'incident « une chose de roman ». Le narrateur qualifie
un peu plus loin l'épisode de « commencement de
roman ». Ces surprises pleines de charme et de suspens
laissent attendre des suites bien différentes de celles qui
se produisent en réalité. La présence de ces éléments n'est
peut-être pas due qu'à un flottement générique, une indé-
cision du récit entre roman et nouvelle. Elle accroît le

sentiment d'un renversement, d'une plongée en enfer. L'auteur mine de l'intérieur la morale consubstantielle au roman. Comme dans l'anamorphose, dont le sujet prend, en changeant de point de vue, une apparence opposée à la première qu'il avait, le sourire fait place à la grimace, la satisfaction à la mortification.

L'interprétation de ce réquisitoire est délicate. *La Comtesse de Tende* contient des termes empruntés au lexique religieux (l'« amour-propre », le « christianisme », « Dieu », « l'*expiation* de mon crime ») : leur présence dans un texte profane est tout à fait singulière. Mme de Lafayette évolue dans un milieu qui entretient des relations étroites avec le monastère de Port-Royal, qui s'attache le plus en France à défendre et illustrer l'univers de saint Augustin ; elle est sans aucun doute nourrie de culture augustinienne. Les deux nouvelles s'en tiennent cependant à un constat. Elles ne présentent aucune esquisse d'une méditation métaphysique comparable à celle qui s'exprime dans *La Princesse de Clèves*. La conception augustinienne de l'homme permet à l'auteur de fonder en raison une répulsion obsessionnelle pour la compromission et les vanités du monde, peut-être d'autant plus violente qu'en pleine ascension sociale la fille de Marc Pioche sent en soi le même travail de la concupiscence qui tourmente ses personnages.

Le désespoir de l'amour

Mme de Lafayette raconte l'histoire de deux belles princesses qui s'éprennent de magnifiques jeunes seigneurs : aucun conte de fées, pourtant. Les gracieuses héroïnes sont adultères. Elles se voient précipitées à l'« abîme ». Mme de Lafayette dénonce dans l'amour un mirage — chimère ou fantasme tragique.

Le vocable le plus employé n'est d'ailleurs pas « amour » (6 occurrences dans *La Comtesse de Tende*, 16 dans *La Princesse de Montpensier*), mais « passion » (respectivement 17 et 23 occurrences). Or « passion » et « amour » ne sont pas des synonymes qui marqueraient seulement une différence d'intensité du sentiment éprouvé. La « passion » désigne une affection involontairement subie, un entraînement violent et incontrôlable, une dépossession de soi. Mme de Lafayette utilise un second terme doté des mêmes connotations : « inclination ». Celle-ci évoque un penchant d'ordre mécanique. L'amour n'est pas un choix, une élection raisonnée, mais une fatalité. Significativement, le récit de la naissance de la passion est escamoté dans *La Princesse de Montpensier* et *La Comtesse de Tende*. Ainsi du duc de Guise et de Mlle de Mézières : « Ils étaient tous deux dans une extrême jeunesse et le Duc de Guise voyant souvent cette prétendue belle-sœur en qui paraissaient déjà les commencements d'une grande beauté en devint amoureux et en fut aimé. »

L'auteur insiste uniquement sur le pouvoir de la vue et de la fréquence des rencontres. Les deux manifestent la part des sens dans l'éblouissement amoureux. C'est souligner aussi le pouvoir des circonstances, hasard et arbitraire. L'amour est une donnée brute et immédiate, sans justification, aveugle. La comtesse de Tende s'éprend d'abord du mari qu'on lui a donné. Il est pourtant « plus propre à être estimé qu'à plaire ». Le duc de Guise, à la fin de *La Princesse de Montpensier*, connaît sa plus forte passion pour la marquise de Noirmoutiers, « personne de beaucoup d'esprit et de beauté », mais sans vertu ni vergogne : elle fait « éclater » ses aventures.

« L'on est bien faible quand on est amoureux », constate le narrateur de *La Princesse de Montpensier*. Amoureuse de son mari, la comtesse de Tende est incapable de contrôler ses transports. Ses importunités éloignent d'elle celui qu'elle voudrait séduire. *Furia* d'Italienne ? Le comte de Chabannes, « fort sage et fort doux », ami fidèle du prince de Montpensier, échoue à réfréner l'amour qu'il conçoit pour la femme de ce dernier. Il adore la princesse. Il le lui déclare. Elle en aime un autre : il porte les lettres de son rival. Mme de Montpensier le rudoie-t-elle tant qu'il s'enfuit ? Une lettre d'elle le ramène, vaincu, brisé. Sa complaisance est sans limite. Le pont-levis que Mme de Montpensier fait abaisser pour que le duc de Guise la rejoigne dans sa chambre à Champigny est le symbole d'une forteresse qui se rend. Les métaphores militaires abondent. *La Princesse de Montpensier* s'ouvre sur une comparaison qui assimile l'amour et la guerre civile. Il faut « *défendre l'entrée* de son cœur », « *se défendre* de tant de charmes ». Le comte de Chabannes instruit Mme de Montpensier comment « *gagner* le cœur et l'estime de son mari ». Le duc d'Anjou parle de « la *conquête* d'un cœur » qu'un autre « *possède* ». Le duc de Guise et le chevalier de Navarre, qui sont des guerriers, multiplient les coups de force et d'audace auprès de leurs maîtresses. Ce vocabulaire n'est pas qu'une façon d'exprimer la violence de l'expérience amoureuse ou les manœuvres de la séduction. Passion presque extrinsèque à son objet, l'amour relève de la *libido dominandi,* du désir de dominer. Il se caractérise par une soif de possession inextinguible. La jalousie qui ravage chacun des personnages de Mme de Lafayette n'est pas un accident individuel ou un vice intime. Elle est le régime ordinaire de l'amour. Aussi n'est-il qu'une des concupiscences qui déchirent le cœur de l'homme, un masque de l'amour-propre. Le comte de Tende, qui n'avait d'abord éprouvé que mépris et irritation face à son épouse, s'éprend d'elle lorsqu'il découvre que les autres la désirent : son orgueil est touché. Déçu ou comblé, le désir s'évanouit. Ainsi, le duc de Guise sera fidèle à une femme galante, vouée à lui échapper, tandis qu'il oublie Mme de Montpensier qui ne lui a pas résisté. Il ne peut y avoir d'amour qu'inquiet.

Une telle conception de la passion amoureuse explique la phénoménologie qui lui est associée : trouble, agitation, douleur, larmes. Le sommeil fuit les amants. Mme de Tende « pens[e] expirer ». Le comte de Chabannes est malade tout le temps que Mme de Montpensier est à la cour. La princesse s'évanouit. Elle a la fièvre, délire. Mme de Tende accouche prématurément. L'amour dégrade les personnes et les personnalités. Car ses souffrances rendent cruel en retour. Le duc d'Anjou menace, puis persécute le duc de Guise quand il découvre que Mme de Montpensier aime ce dernier. Il ne résiste même pas à humilier et tourmenter la femme qu'il adore en lui montrant qu'il connaît son secret et en la faisant douter de Guise. « Si on juge de l'amour par la plupart de ses effets, il ressemble plus à la haine qu'à l'amitié » (La Rochefoucauld). Les personnages de Mme de Lafayette passent en un moment de l'amour à la « haine », la « rage », la « colère », la « fureur ». Le comte de Tende et le prince de Montpensier envisagent l'un et l'autre de tuer leur femme. La mort de la comtesse donne à son mari de la « joie », comme celle du comte de Chabannes au prince de Montpensier.

Cette vision de l'amour n'a rien d'insolite au XVIIᵉ siècle. Dans un monde profondément chrétien, il n'est en principe pas de place pour l'amour effréné des créatures. Tout amour qui ne se rapporte pas à Dieu est illusion, fol effet de la sensualité. Le mariage est un cadre accordé à la satisfaction des pulsions physiques des individus incapables de se vouer à une chasteté idéale. Saint Paul n'envisage entre les époux qu'une dilection mesurée. Il existe certes d'autres représentations de la passion, en particulier depuis le XIIᵉ siècle. La *fin amor* courtoise a cultivé l'image d'un amour épuré, maître de soi, incitation à se parfaire. Les néo-platoniciens de la Renaissance ont ardemment défendu sous l'égide du médecin florentin Marsile Ficin l'idée que l'amour ne saurait être mauvais, puisqu'il procède d'une recherche du Beau alliée à celle du Bien. L'œuvre de Pétrarque, au XIVᵉ siècle, a exalté une conception de l'amour chaste et spirituel. La vision de l'amour que ces réflexions proposent fait l'objet d'un immense débat à partir du XVIᵉ siècle. Il structure le roman sentimental et façonne *L'Astrée*. Existe-t-il un amour de l'autre véritable, pur et sincère ? La notion séduit. Le nombre d'œuvres qui la discutent le prouve. Mais l'hypothèse suppose une évolution des mentalités trop profonde pour que son acceptation, son intériorisation réelle, ne s'inscrivent pas dans une longue durée. Le XVIIᵉ siècle n'a pas encore tranché.

La controverse atteint peut-être même son intensité la plus grande au moment où se produit avec Luther, puis l'œuvre de l'évêque d'Ypres, Cornelius Jansenius, un regain de la doctrine de saint Augustin. Ce christianisme exigeant n'est guère favorable à l'épanouissement de la théorie d'un amour pur de la créature. La double sensibilité à la fois profondément religieuse et mondaine des sympathisants du monastère de Port-Royal explique la figure très particulière du désespoir de l'amour qui s'élabore parmi eux. Personnalités éprises de pureté, ils ne peuvent qu'être touchés par l'idée d'un amour humain qui saurait harmonieusement combiner appétences affective et morale. Ce désir étant frappé d'une négation théologique, la tentation de l'amour prend chez eux la forme d'un procès en séduction, violente dénégation qui passe par l'énoncé de la litanie implacable des vices qui en démentent l'existence. Toute l'œuvre de Mme de Lafayette est consacrée à l'amour : pour le dénoncer. La Rochefoucauld procède de la même manière dans les *Maximes*. « Peut-il exister dans ces attachements éternels un amour sincère et durable ? » interroge mélancoliquement la princesse de Clèves, tandis que La Rochefoucauld affirme : « S'il y a un amour pur et exempt du mélange de nos autres passions, c'est celui qui est caché au fond du cœur, et que nous ignorons nous-mêmes. » Ni la résignation triste de l'une ni l'ironie de l'autre ne sauraient cependant dissimuler qu'ils appliquent un vocabulaire traditionnel de la théologie au domaine de l'amour profane. Le chevalier de Navarre venant offrir à la comtesse de Tende de lui sacrifier un mariage qui doit faire sa grandeur, le comte de Chabannes immolé à sa loyauté pour Mme de Montpensier, frôlent l'Amour pur, oubli de soi, désintéressement souverain, abnégation parfaite au profit de l'être aimé. Il hante l'œuvre de Mme de Lafayette comme un fantôme.

Ce négationnisme fasciné est renforcé par la révolte précieuse. Grandes dames insurgées contre le mépris général dont la femme est l'objet, mariée contre son gré, essentiellement considérée pour les enfants qu'elle produit ou les biens qu'elle peut transmettre, les Précieuses refusent dans l'amour un sentiment qui nuit à l'image en gloire qu'elles entendent donner d'elles-mêmes et de leur sexe. Il n'est, dans ses incarnations ordinaires, qu'un ennemi du repos où la vérité de chacun trouve à s'épanouir. Au-delà des villes de Tendre et du bourg d'Amitié, Mlle de Scudéry, « Reine des Précieuses », situe « la Mer dangereuse », puis les « Terres inconnues ». Tôt reconnue comme « une précieuse de la plus grande volée », Mme de Lafayette, pour laquelle La Rochefoucauld forgea l'expression « être vrai », déclare dans une lettre à Ménage du 18 septembre 1653 : « L'amour est une passion si incommode que j'ai de la joie que mes amis et moi en soyons exempts. » La volonté d'un absolu et l'effroi de la dépossession relaient la certitude de la faute pour faire de l'amour un tableau où l'enchantement le dispute à l'angoisse. Son portrait en noir oscille entre interdit et improbable.

Laconisme et poésie

L'écriture des deux œuvres sert magistralement cette ambivalence. La sobriété et l'art de l'ellipse saisissent au premier abord. *La Princesse de Montpensier* couvre une dizaine d'années. Il est plus difficile de fixer la durée de *La Comtesse de Tende*. Le récit débute en 1560, mais quand finit-il ? La vraie comtesse de Tende mourut en 1564. Mme de Lafayette change cependant les circonstances de cette mort et s'abstient de toute précision. Plusieurs années passent du moins. Le contraste entre la brièveté des œuvres et le temps qu'elles recouvrent révèle quelle concision pratique Mme de Lafayette. *La Princesse de Montpensier* se partage entre la cour (itinérante) et Champigny. Les lieux mêmes de l'action ne sont pas représentés. *La Comtesse de Tende* balance entre Paris et la résidence des Tende : sa localisation n'est même pas indiquée. L'auteur suggère tout au plus les contours d'une cour, une chambre. Les rares précisions que les textes fournissent sont d'ordre scénographique, comme la disposition des appartements de Champigny et les coussins sur lesquels Mme de Montpensier s'évanouit, ou métaphorique à l'instar des « brèches » à travers lesquelles le duc de Guise s'introduit dans le parc du château. Mme de Lafayette va aux faits : elle enchaîne des phrases courtes et emploie volontiers un substantif comme sujet d'un

verbe : c'est éliminer les personnes au profit des idées.
Elle ne circonstancie pas, n'explicite pas. Les commen-
taires, expéditifs, sont souvent formulés sous l'espèce de
la maxime ou de réflexions générales sur les comportements humains (« l'on est bien faible quand on est amoureux », « on cède aisément à ce qui plaît »). Elles font du
narrateur un moraliste. Mme de Lafayette met en scène
des lois que ses personnages illustrent malgré qu'ils en
aient. L'usage du passé simple, qui isole le fait dans sa
singularité, accroît cette impression. Le narrateur prend la
pose de l'historien extérieur à son texte. Le style, laco-
nique, est coupé. La langue se révèle pauvre, répétitive,
voire monotone. Les indéfinis abondent. L'auteur privilé-
gie la litote.

Le récit est entièrement conduit par un narrateur dont
l'omniscience est soulignée par quelques effets d'annonce
comme lorsqu'il évoque le « Duc du Maine, cadet du Duc
de Guise *que l'on a appelé depuis le Balafré* ». Les deux
nouvelles ne contiennent pas de soliloque ou de récit psy-
chologique comme *La Princesse de Clèves*. Le lecteur
perçoit cependant de façon immédiate les mouvements
intérieurs des personnages par l'alternance de passages
qui résument la progression des événements au profit de
véritables scènes. Introduites par des compléments indé-
terminés : « un jour », « le même jour qui fut pris pour le
mariage », « un matin », ces dernières sont isolées dans
le cours du temps et de la narration. Elles marquent des
ralentissements. Or elles correspondent à des rencontres
des amants ou à des incidents marquants qui leur arrivent.
Leur tempo est fonction de leur retentissement sur les
protagonistes. Projections psychiques, elles imposent sou-
dain leur point de vue. Ainsi, dans *La Princesse de Montpensier*, la dernière entrevue du duc et de la princesse est
l'occasion d'indications horaires (« minuit », « vers onze
heures ») uniques, à la mesure de l'effroi de l'héroïne. De
la même manière, les six mois de grossesse de Mme de
Tende sont la seule indication de durée fournie par le
texte. Le refus de l'effusion vulgaire, la raideur apparente
du ton ne privent donc pas le récit d'intensité. Mme de
Lafayette joue encore d'effets de variation internes.

L'épisode où le duc de Guise revoit Mme de Montpensier pour la première fois est mis en valeur : c'est la seule scène qui échappe à la dualité topographique du récit et qui se situe dans la nature, près d'une rivière, dans un décor qui rappelle *L'Astrée*. D'une autre façon, l'obscurcissement de l'intrigue apparaît à comparer les deux rencontres qui se déroulent à Champigny. L'une a lieu hors du château, le matin, l'autre dans la chambre de la princesse, en pleine nuit. Ces effets structurels et symboliques assouplissent la sécheresse apparente du récit.

Les nombreuses imprécisions, renforcées par l'usage de pluriels abstraits, laissent enfin surgir une poésie inattendue. Le flou qui entoure les personnages rapproche le récit des enchaînements magiques du conte, tandis que le goût du merveilleux, l'hyperbole, la richesse des vocables employés (« grâce », « admirable », beauté « surnaturelle ») sollicitent puissamment l'imagination. L'élection de la cour des Valois comme cadre du récit contribue beaucoup à l'impression : son luxe, son raffinement, ses fêtes et ses ballets ont valeur de « mythe » (Ph. Sellier) sous Louis XIV. Elle figure un « paradis ». Mme de Lafayette cultive une vision précieuse perceptible dans l'usage de notions caractéristiques comme l'« attachement », néologisme forgé par Mlle de Scudéry, « l'air », « la mine », qui veulent rendre des impressions subtiles. La langue joue enfin d'une musicalité discrète pour prolonger le sentiment du rêve, inscrivant le drame dans un halo et suspendant la pression tragique par ailleurs instaurée. La violence de l'intrigue, la brutalité des instincts que peint la romancière, la ténèbre, où s'étouffent finalement les séductions du monde et le feu des passions, sont ainsi doublées par un second discours qui module en basse continue un désir intense de pureté et de transparence harmonieuse. Rien n'est moins limpide, moins simple, que les deux brèves nouvelles de Mme de Lafayette. Leur impétuosité retenue éblouit d'abord. Les contradictions où elles plongent leurs racines retiennent longtemps.

Laurence PLAZENET.

NOTE SUR LE TEXTE

Il existe deux versions de *La Princesse de Montpensier*. Le texte imprimé de l'œuvre est la plus connue. Le libraire A. Courbé reçut son privilège le 27 juillet 1662 et céda ses droits à ses confrères T. Jolly et L. Billaine, qui s'associèrent par contrat à Ch. de Sercy le 19 août. Chacun d'eux donna une édition de l'œuvre sous sa marque, mais les caractères employés sont identiques, de même que le nombre de pages des volumes (142). Seule la composition du texte diffère chez Th. Jolly qui emploie des abréviations que L. Billaine et Ch. de Sercy résolvent. Le livre sortit de presse le 20 août. *La Princesse de Montpensier* fut réimprimée cinq fois chez différents éditeurs à Paris, Lyon et Toulouse, au XVIIᵉ siècle. La collation de ces ouvrages montre que le texte de 1662 ne fut jamais corrigé ni amendé.

La seconde version de la nouvelle figure dans deux manuscrits de la Bibliothèque nationale (Ms. NAF 1563, ff. 56-88 et Ms. fr. 16269, ff. 93-138). Bien qu'ils ne soient pas autographes, l'un et l'autre proposent un état ancien de *La Princesse de Montpensier* et présentent de nombreuses leçons originales, qui se recoupent souvent. Inséré dans un volume de *Meslanges* avec des pièces rares à caractère clandestin dont l'une date de 1688, le manuscrit NAF 1563 a dû être constitué à la fin du XVIIᵉ siècle. Le manuscrit Ms. fr. 16269 est sans doute plus ancien : il fut exécuté pour le chancelier Séguier, mort en 1672. Maître et ami de Mme de Lafayette, l'érudit Ménage se chargea pour elle de l'édition de son œuvre. Il fit subir, à cette occasion, une véritable toilette au texte original de la jeune femme. Les manuscrits NAF 1563 et Ms. fr. 16 269 contiennent cette version initiale, avant retouche par Ménage. Les phrases sont plus longues, l'usage de complétives ou de participes présents plus fréquent. L'emploi des pronoms possessifs donne lieu à de nombreuses imprécisions que Ménage réduit en restituant le nom du personnage auquel l'auteur fait allusion. Les pronoms personnels compléments d'un verbe précèdent ce dernier : le grammairien inverse cet ordre dont l'usage commençait à refluer au début des années 1660. Plusieurs passages ont été modifiés dans la version imprimée afin d'être plus clairs. Ils ont presque systématiquement perdu en naturel : Ménage ignore l'art de la suggestion et du fondu poétique que pratique Mme de Lafayette. Les manuscrits révèlent enfin des hardiesses d'expression qui ont été tempérées au moment de l'édition du texte. Discernant le duc de Guise dans la suite du duc d'Anjou, la princesse de Montpensier « rougit ». Ménage atténue le trouble de l'héroïne en ajoutant le modérateur « un peu ». Il supprime l'image du duc de Guise pris dans les rets de Mme de Montpensier comme un saumon dans des filets de pêcheurs.

Ces corrections affadissant *La Princesse de Montpensier,* la présente édition reproduit le texte manuscrit de l'œuvre. André Beaunier fit ce choix le premier, mais l'édition de la nouvelle qu'il a publiée en 1926 (et que B. Pingaud a reproduite dans la collection « Folio » en 1972) substitue à plusieurs reprises des conjectures personnelles à la lettre de l'original. M. Cuénin l'a imité en 1979. Les éditeurs du volume des *Nouvelles du XVIIe siècle* paru dans la collection de la Pléiade en 1997 et, la même année, A. Niderst lui ont emboîté le pas. Le texte de M. Cuénin, que ces deux dernières éditions reproduisent, contenant toutefois d'assez nombreuses erreurs, l'édition ici proposée a été entièrement revue sur les originaux. La leçon suivie est celle du manuscrit NAF 1563, plus complet que Ms. fr. 16269. Lorsque ce dernier présente des variantes dotées d'un intérêt particulier ou identiques à celles de la version imprimée, celles-ci ont été indiquées en note. Un choix de variantes proposées par l'édition de 1662 complète l'ensemble. On a retenu les leçons qui touchaient le sens de l'énoncé plutôt que son style ou l'ordre des mots.

La Comtesse de Tende n'a jamais été imprimée du vivant de Mme de Lafayette. L'œuvre parut pour la première fois dans la livraison de septembre 1718 du *Nou-*

veau Mercure (p. 36-56). Le périodique la publie sans
nom d'auteur sous le titre générique « Histoire ». Un bref
avertissement précède le texte. Il le présente comme une
« amusante bagatelle », une « Nouvelle », une « Histo-
riette intéressante, écrite d'un style vif, aisé et touchant ».
La pièce est rééditée dans le numéro du *Mercure de
France* de juin 1724 (p. 1267-1291). Elle est désormais
intitulée sans commentaire « *La Comtesse de Tende,* nouvelle historique. Par Madame de Lafayette ». Il existe par
ailleurs deux versions manuscrites de *La Comtesse de
Tende* conservées, l'une à la Staatsbibliothek de Munich
(Ms. Cod. gall. (Q.M.) 731, ff. 207-247), l'autre à la
Bibliothèque municipale de Sens (Ms. 221, ff. 365-378),
dont le texte, pratiquement identique, présente de nettes
divergences avec celui des éditions de 1718 et 1724. Il
correspond à un état premier corrigé au XVIIIe siècle. La
comparaison des manuscrits et des premières éditions de
l'œuvre montre que l'ordre des verbes et des pronoms
personnels qui les complètent, qui suit l'usage ancien
dans les manuscrits de *La Comtesse de Tende* comme
dans ceux de *La Princesse de Montpensier*, a été renversé
en 1718 et 1724. Ils ont remplacé tel terme sur lequel ils
butaient par un autre, fût-ce au prix d'un éventuel non-
sens (« improbation » par « approbation »). Quelques passages ont été développés, des conjonctions de coordination ajoutées ou supprimées. Par délicatesse pour ses
lectrices probablement, la version de 1724 élimine l'incise de la dernière phrase qui explique que M. de Tende
ne se remaria pas, les femmes « lui faisant horreur » après
la trahison de son épouse. Le nom de l'écuyer de Mme de
Tende est orthographié de manière aléatoire dans le
manuscrit de Sens (« la Lende », auquel est substitué parfois « la Tende » ou « Tende »). Le *Nouveau Mercure*
imprime à chaque fois « la Tende ». Le *Mercure de
France* lève toute ambiguïté en écrivant « Lalande ».
Après le mariage de la princesse de Neufchâtel, le manuscrit de Sens appelle celle-ci tantôt « la princesse de
Navarre », comme le texte dit que l'usage en fut établi,
tantôt : « la princesse de Neufchâtel ». La version de 1718

reproduit ces variations. Celle de 1724 élude la difficulté en imprimant : « la Princesse de N... ».

À l'exception de M. Cuénin qui a donné une édition de *La Comtesse de Tende* établie dans une large mesure sur le manuscrit de Sens (édition reproduite dans le volume de la Pléiade des *Nouvelles du XVIIᵉ siècle* et dans celui des *Romans et Nouvelles* de Mme de Lafayette édité par A. Niderst), tous les éditeurs de la nouvelle proposent le texte paru dans la livraison de juin 1724 du *Mercure de France*. R. Duchêne donne, dans son édition des *Œuvres complètes* de Mme de Lafayette (1990), celle de septembre 1718. La présente édition prend le parti de reproduire strictement le texte du manuscrit de Sens, mais en suivant l'usage établi en 1724 pour le nom de l'écuyer de la comtesse de Tende et en restituant partout après le mariage de la princesse de Neufchâtel son nouveau titre de princesse de Navarre. Un choix des variantes les plus signifiantes proposées par les éditions imprimées de l'œuvre permet de suivre les modifications dont elle a fait l'objet ou les hésitations qu'elle a pu inspirer à ses premiers lecteurs.

Principes d'édition

L'orthographe et la ponctuation ont été modernisées. L'usage du XVIIᵉ siècle qui consiste à accorder un verbe ou un participe avec le dernier des mots qui le gouverne a cependant été respecté. Les manuscrits comportant souvent très peu de signes de ponctuation, celle-ci a été établie en considérant aussi les choix opérés dans les éditions originales. « Madame » et « Monsieur » sont imprimés en toutes lettres pour respecter la tonalité aristocratique des textes. Pour la même raison, les titres qui s'appliquent à une personne précise (« le Prince de Montpensier ») et le mot « Cour » sont pourvus d'une majuscule. La disposition des paragraphes, qui varie dans les manuscrits et les différentes éditions imprimées des œuvres, a été revue.

Sigles

Pour *La Princesse de Montpensier* :
NAF : Nouvelles acquisitions françaises, manuscrit 1563, ff. 56-88 (Bibliothèque nationale).
Ms. fr. : Manuscrit français 16269, ff. 93-138 (Bibliothèque nationale).
I : Version imprimée en 1662 et, sauf mention expresse, dans les éditions ultérieures.

Pour *La Comtesse de Tende* :
NM : *Nouveau Mercure,* septembre 1718, p. 36-56.
MF : *Mercure de France,* juin 1724, p. 1267-1291.
S : Manuscrit 221, ff. 365-378 (Bibliothèque municipale de Sens).

HISTOIRE DE
LA PRINCESSE DE MONTPENSIER

LE LIBRAIRE AU LECTEUR[1]

Le respect que l'on doit à l'illustre nom qui est à la tête de ce livre et la considération que l'on doit avoir pour les éminentes personnes qui sont descendues de ceux qui l'ont porté[2] m'oblige de dire, pour ne pas manquer[3] envers les uns ni les autres en donnant cette histoire au public, qu'elle n'a été tirée d'aucun manuscrit qui nous soit demeuré du temps des personnes dont elle parle. L'auteur ayant voulu, pour son divertissement, écrire des aventures inventées à plaisir a jugé plus à propos de prendre des noms connus dans nos histoires que de se servir de ceux que l'on trouve dans les romans, croyant bien que la réputation de Madame de Montpensier ne serait pas blessée par un récit effectivement fabuleux[4]. S'il n'est pas de ce sentiment, j'y supplée par cet Avertissement qui sera aussi avantageux[5] à l'auteur que respectueux pour moi envers les morts qui y sont intéressés et envers les vivants qui pourraient y prendre part.

---

1. Cet avertissement ne figure que dans les versions imprimées de l'œuvre.   2. Allusion à Anne-Marie-Louise de Bourbon (1627-1693), dite Mlle de Montpensier, fille unique de Gaston d'Orléans, le frère de Louis XIII, et de Marie de Montpensier. Marie de Montpensier était la petite-fille de François de Bourbon-Montpensier et de Renée d'Anjou, l'héroïne de la nouvelle de Mme de Lafayette. L'auteur de l'avertissement justifie l'audace d'avoir pris pour sujet d'un roman racontant des amours adultères l'arrière-grand-mère de la cousine germaine de Louis XIV.   3. Manquer de respect, commettre un acte d'irrévérence.   4. Cette déclaration prend le contre-pied de la production romanesque de la période dont beaucoup d'auteurs, racontant des aventures purement imaginaires, prétendent transcrire un récit véridique contenu dans un manuscrit retrouvé. Il s'agit d'une façon habile d'exciter la curiosité du public en contrevenant à son attente et de distinguer l'œuvre des romans contemporains. Pareille dénégation paraît aussi faite pour exciter la suspicion des lecteurs.   5. Qui fait honneur, qui procure de la faveur.

Histoire de la Princesse de Montpensier
sous le règne de Charles IXᵉ,
Roi de France[a]

Pendant que la guerre civile déchirait la France sous le règne de Charles IXᵉ[1], l'amour ne laissait pas de trouver sa place parmi tant de désordres et d'en causer beaucoup dans son empire. La fille unique du marquis de Mézières[2], héritière très considérable et par ses grands biens et par l'illustre maison d'Anjou dont elle était descendue, était comme accordée[b] au Duc du Maine[3], cadet du Duc de Guise que l'on a appelé depuis le Balafré[4]. Ils étaient tous

---

1. Charles IX (1550-1574), fils d'Henri II et de Catherine de Médicis, monté sur le trône en 1560.   **2.** Renée d'Anjou (1550- ?), fille de Nicolas d'Anjou, marquis de Mézières, et de Gabrielle de Mareuil. Le couple eut quatre enfants, mais Renée, qui était la troisième, fut la seule à survivre. **3.** Charles de Lorraine (1554-1611), deuxième fils de François de Lorraine, duc de Guise, et d'Anne d'Este. Il est plutôt connu sous le nom de duc de Mayenne (1573). Il fut le chef de la Ligue et un adversaire résolu d'Henri IV.   **4.** Henri Iᵉʳ de Lorraine (1550-1588), frère aîné du précédent. Duc de Guise en 1563, il fut assassiné à Blois sur l'ordre d'Henri III. Il doit son surnom de « Balafré » à une blessure qu'il reçut à la joue gauche à la bataille de Dormans en 1575.

---

a. Ms. fr. : *Histoire touchant les amours de la Duchesse de Montpensier avec le Duc de Guise dit le Balafré.* Ce titre, qui met en relief l'intrigue amoureuse, potentiellement scandaleuse, que le récit contient, fait erreur en qualifiant Madame de Montpensier de « Duchesse ».   **b.** I : *était promise.* Ce projet de mariage est mentionné par l'historien E. Davila dans son *Histoire des guerres civiles en France* traduite en français par J. Baudoin en 1644.

deux dans une extrême jeunesse [1] et le Duc de Guise voyant
souvent cette prétendue belle-sœur en qui paraissaient déjà
les commencements [a] d'une grande beauté en devint amoureux et en fut aimé. Ils cachèrent leur intelligence [2][b] avec
beaucoup de soin et le Duc de Guise, qui n'avait pas encore
autant d'ambition qu'il en eut depuis, souhaitait ardemment de l'épouser, mais la crainte du Cardinal de Lorraine
son oncle, qui lui tenait lieu de père [3], l'empêchait de se
déclarer. Les choses étaient en cet état lorsque la maison de
Bourbon qui ne pouvait voir qu'avec envie l'élévation de
celle de Guise, s'apercevant de l'avantage qu'elle recevrait
de ce mariage, se résolut de le lui ôter et de se le procurer à
elle-même [c] en faisant épouser cette grande héritière au
jeune Prince de Montpensier que l'on appelait quelquefois
le Prince Dauphin [4]. L'on travailla à cette affaire avec tant
de succès que les parents [5], contre les paroles qu'ils avaient
données au Cardinal de Guise [6] se résolurent de donner leur
nièce [7] au Prince de Montpensier [d].

---

1. L'héroïne déclare plus loin dans le texte que le duc de Guise et
elle avaient alors treize ans. Le récit débute donc vers 1563. Le duc du
Maine n'a que neuf ans.   2. Accord, entente, union de sentiment.
3. Charles de Lorraine (1524-1574), fils de Claude de Lorraine, premier
duc de Guise, et d'Antoinette de Bourbon-Vendôme, frère puîné de François de Lorraine, duc de Guise (1519-1563). Cardinal depuis 1547, il est
alors chargé de faire appliquer en France les décisions du concile de Trente.
Après l'assassinat de son frère François de Lorraine au siège d'Orléans par
J. Poltrot de Méré le 24 février 1563, il servit de père à son neveu, Henri
Ier de Lorraine, et ses frères.   4. François de Bourbon (1542-1592), fils
de Louis II de Bourbon, duc de Montpensier, et de Jacqueline de Longwy.
Il tient son titre du dauphiné d'Auvergne attribué à son père en 1543 par
Henri II.   5. Tous les membres d'une même famille.   6. Le « Cardinal de Guise » désigne Louis de Lorraine (1527-1578), fils du premier duc
de Guise. C'est le frère puîné de François de Lorraine, duc de Guise, et du
cardinal de Lorraine.   7. Le terme suggère que la jeune fille est orphe-
line, donc héritière au sens plein du terme. La version imprimée corrige
cette inexactitude. La date de la mort de Nicolas d'Anjou est inconnue,
mais il vécut au moins jusqu'en 1568.

---

a. I : *L'extrême jeunesse de cette grande héritière retardait son mariage et
cependant le Duc de Guise, qui la voyait souvent et qui voyait en elle les commencements...*   b. I : *leur amour.*   c. I : *d'en profiter elle-même.*   d. I : *On
travailla à l'exécution de ce dessein avec tant de succès que les parents de Mademoiselle de Mézières, contre les promesses qu'ils avaient faites au cardinal de
Lorraine, se résolurent de la donner en mariage à ce jeune prince. Ce procédé...*

Ce procédé surprit extrêmement toute la maison de Guise, mais le duc en fut accablé de douleur et l'intérêt de son amour lui fit recevoir ce changement[a] comme un affront insupportable. Son ressentiment éclata bientôt malgré les réprimandes du Cardinal de Guise[b] et du Duc d'Aumale[1], ses oncles, qui ne voulaient pas s'opiniâtrer à une chose qu'ils voyaient ne pouvoir empêcher. Il s'emporta avec tant de violence, même en présence du jeune Prince de Montpensier, qu'il en naquit entre eux une haine qui ne finit qu'avec leur vie. Mademoiselle de Mézières, tourmentée par ses parents, voyant qu'elle ne pouvait épouser Monsieur de Guise et connaissant par sa vertu qu'il était dangereux d'avoir pour beau-frère un homme qu'elle souhaitait[c] pour mari, se résolut enfin d'obéir à ses parents[d] et conjura Monsieur de Guise de ne plus apporter d'opposition[e] à son mariage. Elle épousa donc le jeune Prince de Montpensier[2] qui, peu de temps après, l'emmena à Champigny[3], séjour ordinaire des princes de sa maison, pour l'ôter de Paris où apparemment tout l'effort de la guerre allait tomber. Cette grande ville était menacée d'un siège par l'armée des Huguenots, dont le Prince de Condé était le chef et qui venait de prendre les armes contre le Roi[f] pour la seconde fois[4].

Le Prince de Montpensier, dans sa plus grande jeunesse, avait fait une amitié très particulière avec le Comte

---

1. Claude de Lorraine (1526-1573), troisième fils du premier duc de Guise.   **2.** Le mariage eut lieu en 1566 selon l'*Histoire généalogique et chronologique de la Maison royale de France* (1674) du Père Anselme. **3.** Champigny sur Veude, en Indre-et-Loire, près de Chinon.   **4.** Le texte fait référence au début de la seconde guerre de religion. Louis Ier de Bourbon (1530-1569), prince de Condé, calviniste, adversaire des Guises, tente de s'emparer du jeune Charles IX à Meaux en septembre 1567, puis met le siège devant Paris. Il avait pris la tête des Huguenots une première fois en 1562.

---

a. I : *manquement de paroles.*   **b.** I : *Cardinal de Lorraine.*   **c.** I : *eût souhaité.*   **d.** I : *de suivre le sentiment de ses proches.*   **e.** I : *d'obstacle.* Ms. fr. : *d'empêchement et oppositions.*   **f.** I : *de déclarer la guerre au Roi.*

de Chabannes[1] et ce comte, quoique d'un âge beaucoup
plus avancé, avait été si sensible à l'estime et à la
confiance de ce prince que, contre tous ses propres intérêts, il abandonna le parti des Huguenots[a], ne pouvant se
résoudre à être opposé en quelque chose à un homme qui
lui était si cher. Ce changement de parti n'ayant point
d'autre raison que celle de l'amitié, l'on douta qu'il fût
véritable et la Reine Mère Catherine de Médicis[2] en eut
de si grands soupçons que, la guerre étant déclarée par
les Huguenots, elle eut dessein de le faire arrêter, mais le
Prince de Montpensier l'empêcha en lui répondant de la
personne du Comte de Chabannes, qu'il amena[b] à Champigny en s'y en allant avec sa femme. Ce comte étant
d'un esprit fort sage et fort doux gagna bientôt l'estime
de la Princesse de Montpensier et en peu de temps elle
n'eut pas moins d'amitié[c] pour lui qu'en avait le Prince
son mari. Chabannes, de son côté, regardait avec admiration tant de beauté, d'esprit et de vertu qui paraissait en
cette jeune princesse et, se servant de l'amitié qu'elle lui
témoignait pour lui inspirer des sentiments d'une vertu
extraordinaire et dignes de la grandeur de sa naissance, il
la rendit en peu de temps une des personnes du monde la
plus achevée.

Le prince étant revenu à la Cour où la continuation de
la guerre l'appelait, le comte demeura seul avec la princesse et continua d'avoir pour elle un respect et une amitié proportionnée à sa qualité et à son mérite. La

---

1. Il s'agit d'un personnage fictif. Mme de Lafayette utilise néanmoins
le nom d'une famille du Limousin célèbre aux XVe et XVIe siècles. La princesse de Montpensier est la petite-fille de René d'Anjou et d'Antoinette de
Chabannes.   2. Catherine de Médicis (1519-1589), mariée en 1533 au
duc d'Orléans, le futur Henri II, est reine mère depuis la mort de ce dernier
en 1559.

---

a. I : *le Comte de Chabannes, qui était un homme d'un âge beaucoup
plus avancé que lui et d'un mérite extraordinaire. Ce Comte avait été si
sensible à l'estime et à la confiance de ce jeune prince que, contre les
engagements qu'il avait avec le Prince de Condé, qui lui faisait espérer
des emplois considérables dans le parti des Huguenots, il se déclara pour
les Catholiques...*   b. Ms. Fr. et les éditions de 1678 et 1679 : *emmena.*
Les éditions de 1662, 1671 et 1674 suivent la leçon de NAF.   c. I : *de
confiance et d'amitié.*

confiance s'augmenta de part et d'autre et à tel point du
côté de la Princesse de Montpensier qu'elle lui apprit l'inclination qu'elle avait eue pour Monsieur de Guise, mais
elle lui apprit aussi en même temps qu'elle était presque
éteinte et qu'il ne lui en restait que ce qui était nécessaire
pour défendre l'entrée de son cœur à tout autre[a] et que,
la vertu se joignant à ce reste d'impression, elle n'était
capable que d'avoir du mépris pour tous ceux qui oseraient lever les yeux jusques à elle[b]. Le comte, qui
connaissait la sincérité de cette belle princesse et qui lui
voyait d'ailleurs des dispositions si opposées à la faiblesse de la galanterie[1], ne douta point qu'elle ne lui dît
la vérité de ses sentiments[c] et néanmoins il ne put se
défendre de tant de charmes qu'il voyait tous les jours de
si près. Il devint passionnément amoureux de cette princesse et, quelque honte qu'il trouvât à se laisser surmon-
ter, il fallut céder et l'aimer de la plus violente et de la
plus sincère passion qui fut jamais. S'il ne fut pas maître
de son cœur, il le fut de ses actions. Le changement de
son âme n'en apporta point dans sa conduite et personne
ne soupçonna son amour. Il prit un soin exact pendant
une année entière de le cacher à la princesse et il crut
qu'il aurait toujours le même désir de le lui cacher, mais
l'amour[d] fit en lui ce qu'il fait en tous les autres, il lui
donna l'envie de parler et, après tous les combats qui ont
accoutumé de se faire en pareilles occasions, il osa lui
dire qu'il l'aimait, s'étant bien préparé à essuyer les
orages dont la fierté de cette princesse le menaçait. Mais
il trouva en elle une tranquillité et une froideur pire mille
fois que toutes les rigueurs à quoi il s'était attendu. Elle
ne prit pas la peine de se mettre en colère. Elle lui repré-
senta en peu de mots la différence de leurs qualités et de
leur âge, la connaissance particulière qu'il avait de sa
vertu et de l'inclination qu'elle avait eue pour le Duc de
Guise et surtout ce qu'il devait à l'amitié et à la confiance

---

1. En mauvaise part, aventures sexuelles, liaisons amoureuses illicites.

---

a. I : *à une autre inclination.*   **b.** I : *qui oseraient avoir de l'amour
pour elle.*   **c.** I : *ne douta point de la vérité de ses paroles.*   **d.** Ms.
fr. et I : *de le lui cacher. L'amour...*

du prince son mari. Le comte pensa mourir à ses pieds de honte et de douleur. Elle tâcha de le consoler en l'assurant qu'elle ne se souviendrait jamais de ce qu'il lui venait de dire, qu'elle ne se persuaderait jamais une chose qui lui était si désavantageuse et qu'elle ne le regarderait jamais que comme son meilleur ami. Ces assurances consolèrent le comte comme on se le peut imaginer. Il sentit les mépris[1] des paroles de la princesse dans toute leur étendue et le lendemain, la revoyant avec un visage aussi ouvert que de coutume, sans que sa présence la troublât ni la fît rougir[a], son affliction en redoubla de la moitié et le procédé de la princesse ne la diminua pas. Elle vécut avec lui avec la même bonté qu'elle avait accoutumé. Elle lui reparla, quand l'occasion en fit naître le discours, de l'inclination qu'elle avait eue pour Monsieur de Guise et, la renommée commençant alors à publier les grandes qualités qui paraissaient en ce prince, elle lui avoua qu'elle en sentait de la joie et qu'elle était bien aise de voir qu'il méritait les sentiments qu'elle avait eus pour lui. Toutes ces marques de confiance qui avaient été si chères au comte lui devinrent insupportables. Il ne l'osait pourtant témoigner, quoiqu'il osât bien la faire souvenir quelquefois de ce qu'il avait eu la hardiesse de lui dire.

Après deux années d'absence, la paix étant faite, le Prince de Montpensier revint trouver la Princesse sa femme tout couvert de la gloire qu'il avait acquise au siège de Paris et à la bataille de Saint-Denis[2]. Il fut surpris de voir la beauté de cette princesse dans une si grande perfection et, par le sentiment d'une jalousie qui lui était naturelle, il en eut[b] quelque chagrin, prévoyant bien qu'il ne serait pas seul à la trouver belle. Il eut beaucoup de joie de revoir le Comte de Chabannes pour qui son amitié

---

1. Le pluriel, marque de préciosité, est abandonné dans la version imprimée, ce qui crée une anacoluthe avec « leur ». **2.** Seul l'historien N. Coustureau dans sa *Vie de Louis de Bourbon, premier duc de Montpensier* (1642) suggère que le prince de Montpensier participa à la bataille de Saint-Denis où se trouvait, de fait, son père.

---

a. I omet « sans que sa présence la troublât ni la fît rougir ». **b.** « En » est omis dans NAF. On rétablit suivant Ms. fr. et I.

n'avait point diminué et lui demanda confidemment des nouvelles de l'humeur et de l'esprit de sa femme, qui lui était quasi une personne inconnue par le peu de temps qu'il avait demeuré avec elle. Le comte, avec une sincérité aussi exacte que s'il n'eût point été amoureux, dit au prince tout ce qu'il connaissait en cette princesse capable de la lui faire aimer et avertit aussi Madame de Montpensier des choses[a] qu'elle devait faire pour achever de gagner le cœur et l'estime de son mari. Enfin, la passion du comte le portait si naturellement à ne songer qu'à ce qui pouvait augmenter le bonheur et la gloire de cette princesse qu'il oubliait sans peine les intérêts[b] qu'ont les amants à empêcher que les personnes qu'ils aiment ne soient dans une si parfaite intelligence avec leurs maris.

La paix ne fit que paraître[1]. La guerre recommença aussitôt par le dessein qu'eut le Roi de faire arrêter à Noyers[2] le Prince de Condé et l'amiral de Châtillon[3], où ils s'étaient retirés, et, ce dessein ayant été découvert, on commença de nouveau les préparatifs de la guerre et le Prince de Montpensier fut contraint de quitter sa femme pour se rendre où son devoir l'appelait. Chabannes le suivit à la Cour, s'étant entièrement justifié auprès de la Reine à qui il ne resta aucun soupçon de sa fidélité. Ce ne fut pas sans une douleur extrême qu'il quitta la princesse qui, de son côté, demeura fort triste des périls où la guerre allait exposer son mari. Les chefs des Huguenots s'étant retirés à La Rochelle, le Poitou et la Saintonge étant dans leur parti, la guerre s'y alluma fortement et le Roi y rassembla toutes ses forces[c]. Le Duc d'Anjou son frère[4], qui fut depuis Henri III[e], y acquit beaucoup de gloire par plusieurs belles actions et entre autres par la

---

1. Il s'agit de la paix de Longjumeau signée le 23 mars 1568.
2. Dans l'Yonne, près de Tonnerre.   3. Gaspard de Coligny (1519-1572), fils de Gaspard de Coligny et de Louise de Montmorency.
4. Alexandre-Édouard (1551-1589), fils d'Henri II et de Catherine de Médicis, devenu duc d'Anjou en 1566 et roi de France en 1574 sous le nom d'Henri III.

---

a. Ms. fr. et I : *de toutes les choses.*   b. I : *l'intérêt.*   c. Ms. fr. et I : *troupes.*

bataille de Jarnac où le Prince de Condé fut tué[1]. Ce fut
dans cette guerre que le Duc de Guise commença à avoir
des emplois considérables et à faire connaître qu'il passait
de beaucoup les grandes espérances qu'on avait conçues
de lui. Le Prince de Montpensier, qui le haïssait et comme
son ennemi particulier et comme celui de sa maison, ne
voyait qu'avec peine la gloire de ce duc aussi bien que
l'amitié que lui témoignait le Duc d'Anjou. Après que les
deux armées se furent fatiguées par beaucoup de petits
combats, d'un commun consentement on licencia les
troupes pour quelque temps et le Duc d'Anjou demeura
à Loches pour donner ordre à toutes les places qui eussent
pu être attaquées. Le Duc de Guise y demeura avec lui
et le Prince de Montpensier, accompagné du Comte de
Chabannes, s'en alla à Champigny, qui n'était pas fort
éloigné de là[2].

Le Duc d'Anjou allait souvent visiter les places qu'il
faisait fortifier. Un jour qu'il revenait à Loches par un
chemin peu connu de ceux de sa suite, le Duc de Guise,
qui se vantait de le savoir, se mit à la tête de la troupe
pour lui servir de guide, mais, après avoir marché quelque
temps, il s'égara et se trouva sur le bord d'une petite
rivière qu'il ne reconnut pas lui-même[3]. Toute la troupe
fit la guerre au Duc de Guise[a] de les avoir si mal conduits
et étant arrêtés en ce lieu, aussi disposés à la joie qu'ont
accoutumé de l'être de jeunes princes[4], ils aperçurent un
petit bateau qui était arrêté au milieu de la rivière et,
comme elle n'était pas large, ils distinguèrent aisément
dans ce bateau trois ou quatre femmes et une, entre autres,
qui leur parut fort belle, habillée magnifiquement, et qui
regardait avec attention deux hommes qui pêchaient
auprès d'elle. Cette aventure donna une nouvelle joie à
ces jeunes princes et à tous ceux de leur suite. Elle leur
parut une chose de roman. Les uns disaient au Duc de

---

1. Il fut assassiné le 13 mars 1569 alors qu'il était sur le point de se
rendre.   **2.** Il y a environ 55 km entre Loches et Champigny.   **3.** L'épisode est une invention de l'auteur. On ne connaît qu'un
séjour du duc d'Anjou à Champigny, en 1573.   **4.** Ils ont 18 et 19 ans.

---

a. I : *Le Duc d'Anjou lui fit la guerre.*

Guise qu'il les avait égarés exprès pour leur faire voir
cette belle personne, les autres qu'après ce qu'avait fait
le hasard, il fallait qu'il[a] en devînt amoureux et le Duc
d'Anjou soutenait que c'était lui qui devait être son
amant. Enfin, voulant pousser l'aventure à bout, ils firent
avancer de leurs gens à cheval le plus avant qu'il se put
dans la rivière pour crier à cette dame que c'était Monsieur le Duc d'Anjou qui eût bien voulu passer de l'autre
côté de l'eau et qui priait qu'on le vînt prendre. Cette
dame, qui était Madame de Montpensier, entendant nom-
mer le Duc d'Anjou et ne doutant point à la quantité de
gens qu'elle voyait au bord de l'eau que ce ne fût lui, lui
fit[b] avancer son bateau pour aller du côté où il était. Sa
bonne mine le lui fit bientôt distinguer des autres quoiqu'elle ne l'eût quasi jamais vu[c]. Mais elle distingua
encore plus tôt le Duc de Guise. Sa vue lui apporta un
trouble qui la fit rougir[d] et qui la fit paraître aux yeux de
ces princes dans une beauté qu'ils crurent surnaturelle. Le
Duc de Guise la reconnut d'abord[1], malgré le changement
avantageux qui s'était fait en elle depuis les trois années
qu'il ne l'avait vue. Il dit au Duc d'Anjou qui elle était,
qui fut honteux d'abord de la liberté qu'il avait prise,
mais, voyant Madame de Montpensier si belle et cette
aventure lui plaisant si fort, il se résolut de l'achever et,
après mille excuses et mille compliments, il inventa une
affaire considérable qu'il disait avoir au-delà de la rivière
et accepta l'offre qu'elle lui fit de passer[e] dans son
bateau. Il y entra seul avec le Duc de Guise, donnant
ordre à tous ceux qui les suivaient d'aller passer la rivière
à un autre endroit et de les venir joindre à Champigny,
que Madame de Montpensier leur dit qui n'était qu'à
deux lieues de là. Sitôt qu'ils furent dans le bateau, le Duc
d'Anjou lui demanda à quoi[f] ils devaient une si agréable

---

1. Sur-le-champ, d'emblée, aussitôt.

a. Ms. fr. et I : *qu'il fallait, après ce qu'avait fait le hasard, qu'il.*
b. La répétition est supprimée dans Ms. fr. et I.   **c.** I omet : « quoiqu'elle ne l'eût quasi jamais vu ».   **d.** I : *un peu rougir.*   **e.** Ms. fr. et
I : *de le passer.*   **f.** NAF : *à qui.* Il s'agit d'une erreur qu'on corrige
suivant Ms. fr. et I.

rencontre et ce qu'elle faisait au milieu de la rivière. Elle lui apprit qu'étant partie de Champigny avec le prince son mari dans le dessein de le suivre à la chasse, elle s'était trouvée trop lasse et était venue sur le bord de la rivière, où la curiosité d'aller voir prendre un saumon qui avait donné dans un filet l'avait faite entrer dans ce bateau. Monsieur de Guise ne se mêlait point dans la conversation et, sentant réveiller dans son cœur si vivement[a] tout ce que cette princesse y avait autrefois fait naître, il pensait en lui-même qu'il pourrait demeurer aussi bien pris dans les liens de cette belle princesse que le saumon l'était dans les filets du pêcheur[b]. Ils arrivèrent bientôt au bord, où ils trouvèrent les chevaux et les écuyers de Madame de Montpensier qui l'attendaient. Le Duc d'Anjou lui aida[c] à monter à cheval, où elle se tenait avec une grâce admirable, et, ces deux princes ayant pris des chevaux de main[1] que conduisaient des pages de cette princesse, ils prirent le chemin de Champigny où elle les conduisait[d]. Ils ne furent pas moins surpris des charmes de son esprit qu'ils l'avaient été de sa beauté et ne purent s'empêcher de lui faire connaître l'étonnement où ils étaient de tous les deux[e]. Elle répondit à leurs louanges avec toute la modestie imaginable, mais un peu plus froidement à celles du Duc de Guise, voulant garder une fierté qui l'empêchât de fonder aucune espérance sur l'inclination qu'elle avait eue pour lui.

En arrivant dans la première cour de Champigny, ils y trouvèrent le Prince de Montpensier qui ne faisait que revenir de la chasse. Son étonnement fut grand de voir deux hommes marcher à côté de sa femme, mais il fut extrêmement surpris quand[f], s'approchant plus près, il reconnut que c'étaient le Duc d'Anjou et le Duc de Guise.

---

1. Chevaux qu'on mène à la main sans monter dessus.

---

a. I : *sentant réveiller vivement dans son cœur.*   **b.** I : *qu'il sortirait difficilement de cette aventure sans rentrer dans ses liens.*   **c.** I : *et le Duc de Guise lui aidèrent.*   **d.** I : *admirable. Pendant tout le chemin, elle les entretint agréablement de diverses choses.*   **e.** I : *connaître qu'ils en étaient extraordinairement surpris.*   **f.** Ms. fr. et I : *mais il fut extrême quand...*

La haine qu'il avait pour le dernier se joignant à sa jalousie naturelle lui fit trouver quelque chose de si désagréable à voir ces deux princes avec sa femme sans savoir comment ils s'y étaient trouvés ni ce qu'ils venaient faire chez lui [a], qu'il ne put cacher le chagrin qu'il en avait, mais il en rejeta la cause [b] sur la crainte de ne pouvoir recevoir un si grand prince selon sa qualité et comme il l'eût souhaité. Le Comte de Chabannes avait encore plus de chagrin [1] de voir Monsieur de Guise auprès de Madame de Montpensier que Monsieur de Montpensier n'en avait lui-même. Ce que le hasard avait fait pour rassembler ces deux personnes lui semblait de si mauvais augure qu'il pronostiquait aisément que ce commencement de roman ne serait pas sans suite. Madame de Montpensier fit [c] les honneurs de chez elle avec le même agrément qu'elle faisait toutes choses. Enfin, elle ne plut que trop à ses hôtes. Le Duc d'Anjou, qui était fort galant et fort bien fait, ne put voir une fortune [2] si digne de lui sans la souhaiter ardemment. Il fut touché du même mal que Monsieur de Guise et, feignant toujours des affaires extraordinaires, il demeura deux jours à Champigny sans être obligé d'y demeurer que par les charmes de Madame de Montpensier, le prince son mari ne faisant point de violence pour l'y [d] retenir. Le Duc de Guise ne partit pas sans faire entendre à Madame de Montpensier qu'il était pour elle ce qu'il était autrefois et, comme sa passion n'avait été sue de personne, il lui dit plusieurs fois devant tout le monde sans être entendu que d'elle que son cœur n'était point changé et partit avec le Duc d'Anjou. Ils sortirent de Champigny l'un et l'autre avec beaucoup de regret et marchèrent longtemps dans [e] un profond silence. Enfin, le Duc d'Anjou s'imaginant tout d'un coup que ce qui causait [f] sa rêverie pouvait bien causer celle du Duc de Guise, il lui demanda brusquement s'il pensait aux

---

1. Contrariété. 2. Bonne fortune, aventure galante.

---

beautés de la Princesse de Montpensier. Cette demande si brusque, jointe à ce qu'avait déjà remarqué le Duc de Guise des sentiments du Duc d'Anjou, lui fit voir qu'il serait infailliblement son rival et qu'il lui était très important de ne pas découvrir son amour à ce prince. Pour lui en ôter tout soupçon, il lui répondit en riant qu'il paraissait si occupé lui-même *a* de la rêverie dont il l'accusait qu'il n'avait pas jugé à propos de l'interrompre, que les beautés de la Princesse de Montpensier n'étaient pas nouvelles pour lui, qu'il s'était accoutumé à en supporter l'éclat du temps qu'elle était destinée à être sa belle-sœur, mais qu'il voyait bien que tout le monde n'en était pas si peu ébloui que lui. Le Duc d'Anjou lui avoua qu'il n'avait rien *b* vu qui lui parût comparable à la Princesse de Montpensier *c* et qu'il sentait bien que sa vue pourrait lui être dangereuse, s'il y était souvent exposé. Il voulut faire convenir le Duc de Guise qu'il sentait la même chose, mais ce duc, qui commençait à se faire une affaire sérieuse de son amour, n'en voulut rien avouer.

Ces princes s'en retournèrent à Loches faisant souvent leur agréable conversation de l'aventure qui leur avait découvert la Princesse de Montpensier. Ce ne fut pas un sujet de si grand divertissement à Champigny. Le Prince de Montpensier était mal content de tout ce qui était arrivé sans qu'il en pût dire le sujet. Il trouvait mauvais que sa femme se fût trouvée dans ce bateau. Il lui semblait qu'elle avait reçu trop agréablement ces princes et ce qui lui déplaisait le plus était d'avoir remarqué que le Duc de Guise l'avait regardée attentivement. Il en conçut dès ce moment une jalousie si furieuse *d* qu'elle le fit ressouvenir de l'emportement qu'il avait témoigné lors de son mariage et il eut soupçon *e* que dès ce temps-là *f* il en était amoureux. Le chagrin que tous ces soupçons lui causèrent donna de mauvaises heures à la Princesse de Montpensier. Le Comte de Chabannes, selon sa coutume, prit soin d'empêcher qu'ils ne se brouillassent tout à fait

---

a. Ms. fr. et I : *lui-même si occupé.*　**b.** Ms. fr. et I : *encore rien.*　**c.** I : *cette jeune princesse.*　**d.** I : *une jalousie furieuse.* **e.** Ms. fr. : *quelque soupçon.* I : *quelque pensée.*　**f.** I : *ce temps-là même.*

afin de persuader par là à la princesse combien la passion qu'il avait pour elle était sincère et désintéressée. Il ne put s'empêcher de lui demander l'effet qu'avait produit en elle la vue du Duc de Guise. Elle lui apprit qu'elle en avait été troublée par la honte du souvenir de l'inclination qu'elle lui avait autrefois témoignée, qu'elle l'avait trouvé beaucoup mieux fait qu'il n'était en ce temps-là et que même il lui avait paru qu'il voulait lui persuader qu'il l'aimait encore, mais elle l'assura en même temps que rien ne pouvait ébranler la résolution qu'elle avait prise de ne s'engager jamais. Le Comte de Chabannes fut très aise de ce qu'elle lui disait, quoique [a] rien ne le pût rassurer sur le Duc de Guise. Il témoigna à la princesse qu'il appréhendait pour elle que [b] les premières impressions ne revinssent quelque jour [c] et il lui fit comprendre la mortelle douleur qu'il aurait pour son intérêt d'elle et le sien propre de la voir [d] changer de sentiment. La Princesse de Montpensier continuant toujours son procédé avec lui ne répondait presque pas à ce qu'il lui disait de sa passion et ne considérait toujours en lui que la qualité du meilleur ami du monde sans lui vouloir faire l'honneur de prendre garde à celle d'amant.

Les armées étant remises sur pied, tous les princes y retournèrent et le Prince de Montpensier trouva bon que sa femme s'en vînt à Paris pour n'être plus si proche des lieux où se faisait la guerre. Les Huguenots assiégèrent Poitiers [e]. Le Duc de Guise s'y jeta pour la défendre [1] et y fit des actions qui suffiraient seules pour rendre glorieuse une autre vie que la sienne. Ensuite, la bataille de Moncontour se donna [2] et le Duc d'Anjou, après avoir pris Saint-Jean-d'Angély [3], tomba malade et fut contraint

---

1. Il s'agit d'une expression de l'historien E. Davila. L'épisode se passe le 22 juillet. Le duc de Guise tint la ville jusqu'au 8 septembre. Cet exploit d'un jeune homme de 19 ans le couvrit de gloire.   2. Le 3 octobre 1569.   3. Le 2 décembre 1569.

---

a. I : *Le Comte de Chabannes eut bien de la joie d'apprendre cette résolution, mais.*   b. I : *qu'il appréhendait extrêmement que.*   c. I : *bientôt.*   d. I : *qu'il aurait pour leur intérêt commun s'il la voyait un jour.*   e. Ms. fr. et I : *la ville de Poitiers.*

de quitter *a* l'armée, soit par la violence de son mal ou par l'envie qu'il avait de revenir goûter le repos et les douceurs de Paris, où la présence de la Princesse de Montpensier n'était pas la moindre *b* qui l'y attirât. L'armée demeura sous le commandement du Prince de Montpensier et, peu de temps après, la paix étant faite[1], toute la Cour se trouva à Paris. La beauté de la Princesse de Montpensier effaça toutes celles qu'on avait admirées jusques alors. Elle attira les yeux de tout le monde par les charmes de son esprit et de sa personne. Le Duc d'Anjou ne changea pas en la revoyant les sentiments qu'il avait conçus pour elle à Champigny et prit un soin extrême de les lui faire connaître par toutes sortes de soins et de galanteries, se ménageant *c* toutefois à ne lui en pas donner des témoignages trop éclatants de peur de donner de la jalousie au prince son mari. Le Duc de Guise acheva d'en devenir violemment amoureux et, voulant par plusieurs raisons tenir sa passion cachée, il se résolut de la déclarer d'abord à la Princesse de Montpensier pour s'épargner tous ces commencements qui font toujours naître le bruit et l'éclat.

Étant un jour chez la Reine à une heure où il y avait très peu de monde et la Reine étant retirée dans son cabinet pour parler au *d* Cardinal de Lorraine, la princesse arriva. Le duc se résolut de prendre ce moment pour lui parler et, s'approchant d'elle : « Je vais vous surprendre, Madame, lui dit-il, et vous déplaire en vous apprenant que j'ai toujours conservé cette passion qui vous a été connue autrefois et qu'elle s'est si fort augmentée en vous revoyant que votre sévérité, la haine de Monsieur le Prince de Montpensier pour moi et la concurrence du premier prince du royaume ne sauraient lui ôter un moment de sa violence. Il aurait été plus respectueux de vous la faire connaître par mes actions que par mes paroles, mais, Madame, mes actions l'auraient apprise à d'autres aussi

---

1. Allusion à la paix de Saint-Germain signée le 11 août 1570.

---

a. I : *et quitta en même temps.*   **b.** I : *la moindre raison.*   **c.** I : *de soins, prenant garde.*   **d.** I : *parler d'affaires avec le.*

bien qu'à vous et je veux que vous sachiez seule que je suis assez hardi pour vous adorer. » La princesse fut d'abord si surprise et si troublée de ce discours qu'elle ne songea pas à l'interrompre, mais, ensuite, étant revenue à elle et commençant à lui répondre, le Prince de Montpensier entra. Le trouble et l'agitation étaient peintes sur le visage de la princesse sa femme. La vue de son mari acheva de l'embarrasser, de sorte qu'elle lui en laissa plus entendre que le Duc de Guise ne lui en venait de dire. La Reine sortit de son cabinet et le duc se retira pour guérir la jalousie de ce prince. La Princesse de Montpensier trouva le soir dans l'esprit de son mari tout le chagrin à quoi elle s'était attendue [a]. Il s'emporta avec des violences épouvantables [b] et lui défendit de parler jamais au Duc de Guise. Elle se retira bien triste dans son appartement et bien occupée des aventures qui lui étaient arrivées ce jour-là. Le jour suivant, elle revit le Duc de Guise chez la Reine, mais il ne l'aborda pas et se contenta de sortir un peu après elle pour lui faire voir qu'il n'y avait que faire quand elle n'y était pas et il ne se passait point de jour qu'elle ne reçût mille marques cachées de la passion de ce duc, sans qu'il essayât de lui parler que lorsqu'il ne pouvait être vu de personne. Malgré toutes ces belles résolutions qu'elle avait faites à Champigny, elle commença à être persuadée de sa passion et [c] à sentir dans le fond de son cœur quelque chose de ce qui y avait été autrefois. Le Duc d'Anjou, de son côté, qui n'oubliait rien pour lui témoigner sa passion en tous les lieux où il la pouvait voir et qui la suivait continuellement chez la Reine sa mère et la princesse sa sœur, en était traité avec une rigueur étrange et capable [d] de guérir toute autre passion que la sienne.

---

a. I : *tout le chagrin imaginable.*   **b.** Ms. fr. : *étranges.*   **c.** I : *Comme elle était bien persuadée de cette passion, elle commença, nonobstant toutes les résolutions qu'elle avait faites à Champigny.*   **d.** I : *Le Duc d'Anjou, de son côté, n'oubliait rien pour lui témoigner son amour en tous les lieux où il la pouvait voir et il la suivait continuellement chez la Reine sa mère. La Princesse sa sœur, de qui il était aimé, en était traitée avec une rigueur capable...* Mme de Lafayette dénonce dans ce texte « une faute épouvantable » (lettre à Ménage d'août ou septembre 1662). Le texte des manuscrits invite à la faute en mettant « traitée » au féminin, de sorte

On découvrit en ce temps-là que Madame[1], qui fut depuis Reine de Navarre, avait quelque attachement pour le Duc de Guise[2] et, ce qui le fit éclater[a] davantage, ce fut le refroidissement qui parut du Duc d'Anjou pour le Duc de Guise. La Princesse de Montpensier apprit cette nouvelle, qui ne lui fut pas indifférente et qui lui fit sentir qu'elle prenait plus d'intérêt au Duc de Guise qu'elle ne pensait. Monsieur de Montpensier, son beau-père[b], épousant alors Mademoiselle de Guise, sœur de ce duc[3], elle était contrainte de le voir souvent dans les lieux où les cérémonies des noces les appelaient l'un et l'autre. La Princesse de Montpensier ne pouvant[c] souffrir qu'un homme que toute la France croyait amoureux de Madame osât lui dire qu'il l'était d'elle et se sentant offensée et quasi affligée de s'être trompée elle-même, un jour que le Duc de Guise la rencontra chez sa sœur un peu éloignée des autres et qu'il lui voulut parler de sa passion, elle l'interrompit brusquement et lui dit d'un ton[d] qui marquait sa colère : « Je ne comprends pas qu'il faille, sur le fondement d'une faiblesse dont on a été capable à treize ans, avoir l'audace de faire l'amoureux d'une personne comme moi et surtout quand on l'est d'une autre au su de toute la Cour. » Le Duc de Guise, qui avait beaucoup d'esprit et qui était fort amoureux, n'eut besoin de consulter personne pour entendre tout ce que signifiaient les

---

1. Le terme est employé pour désigner la ou les sœurs du roi de France. Il s'agit ici de Marguerite de Valois (1533-1615).   2. Les historiens F. E. de Mézeray (*Histoire de France,* 1646) et E. Davila mentionnent cet attachement.   3. Louis de Bourbon, duc de Montpensier (1513-1582), dont la première épouse était décédée en 1561, épousa Catherine de Lorraine (1552-1596) par contrat le 4 février 1570.

---

que la phrase semble en suspens. L'éditeur essaya de résoudre la difficulté en supprimant la conjonction de coordination que les manuscrits contiennent et en ajoutant « de qui il était aimé », mais il introduisit ainsi une choquante allusion aux relations incestueuses entretenues par Marguerite de Valois et son frère, alors qu'il suffit de corriger le féminin indûment appliqué au participe passé pour que l'énoncé original prenne sens. L'erreur ne fut cependant pas corrigée dans les éditions ultérieures.
   a. I : *découvrir.*   **b.** NAF : *alors son beau-père.* On corrige suivant Ms. fr. et I.   **c.** I : *ne pouvant plus.*   **d.** NAF omet « d'un ton ». On rétablit suivant Ms. fr. (I : *d'un ton de voix*).

paroles de la princesse. Il lui répondit avec beaucoup de respect : « J'avoue, Madame, que j'ai eu tort de ne pas mépriser l'honneur d'être beau-frère de mon Roi plutôt que de vous laisser soupçonner un moment que je pourrais désirer un autre cœur que le vôtre, mais, si vous voulez me faire la grâce de m'écouter, je suis assuré de me justifier auprès de vous. » La Princesse de Montpensier ne répondit point, mais elle ne s'éloigna pas et le Duc de Guise voyant qu'elle lui donnait l'audience qu'il souhaitait lui apprit que, sans s'être attiré les bonnes grâces de Madame par aucun soin, elle l'en avait honoré, que, n'ayant nulle passion pour elle, il avait très mal répondu à l'honneur qu'elle lui faisait jusques à ce qu'elle lui eût donné quelque espérance de l'épouser, qu'à la vérité, la grandeur où ce mariage pouvait l'élever l'avait obligé de lui rendre plus de devoirs et que c'était ce qui avait donné lieu au soupçon qu'avaient eu le Roi et le Duc d'Anjou, que la disgrâce[a] de l'un ni de l'autre ne le dissuadait pas de son dessein, mais que, s'il lui déplaisait, il l'abandonnait dès l'heure même pour n'y penser de sa vie. Le sacrifice que le Duc de Guise faisait à la princesse lui fit oublier toute la rigueur et toute la colère avec laquelle elle avait commencé à lui parler. Elle commença à raisonner avec lui[b] de la faiblesse qu'avait eue Madame de l'aimer la première, de l'avantage considérable qu'il recevrait en l'épousant. Enfin, sans rien d'obligeant au Duc de Guise, elle lui fit revoir mille choses agréables qu'il avait trouvées autrefois en Mademoiselle de Mézières. Quoiqu'ils ne se fussent point parlé depuis si longtemps[c], ils se trouvèrent pourtant accoutumés ensemble[d] et leurs cœurs se remirent aisément dans un chemin qui ne leur était pas inconnu. Ils finirent enfin cette conversation[e] qui laissa une sensible joie dans l'esprit du Duc de Guise. La princesse n'en eut pas une petite de connaître qu'il l'aimait véritablement. Mais, quand elle fut dans son cabinet, quelles réflexions ne fit-elle point

---

a. I : *opposition.*   **b.** I : *Elle changea de discours et se mit à l'entretenir.*   **c.** I : *depuis longtemps.*   **d.** I : *l'un à l'autre.*   **e.** I : *agréable conversation.*

sur la honte de s'être laissée fléchir si aisément aux
excuses du Duc de Guise, sur l'embarras où elle s'allait
plonger en s'engageant dans une chose qu'elle avait
regardée avec tant d'horreur et sur les effroyables malheurs où la jalousie de son mari la pouvait jeter ! Ces
pensées lui firent faire de nouvelles résolutions qui [a] se
dissipèrent dès le lendemain par la vue du Duc de Guise.
Il ne manquait pas de lui rendre un compte exact de ce
qui se passait entre Madame et lui, et la nouvelle alliance
de leurs maisons leur donnait plusieurs occasions de se
parler [b]. Mais il n'avait pas peu de peine à la guérir de la
jalousie que lui donnait la beauté de Madame [1], contre
laquelle il n'y avait point de serment qui la pût rassurer
et cette jalousie lui servait à défendre plus opiniâtrement [c]
le reste de son cœur contre les soins du Duc de Guise,
qui en avait déjà gagné la plus grande partie.

Le mariage du Roi avec la fille de l'empereur Maximilien remplit la Cour de fêtes et de réjouissances [2]. Le Roi
fit un ballet où dansaient Madame et toutes les princesses.
La Princesse de Montpensier pouvait seule lui disputer le
prix de la beauté. Le Duc d'Anjou dansait une entrée [3] de
Maures et le Duc de Guise avec quatre autres étaient de
son entrée : leurs habits étaient tous pareils, comme ont
accoutumé de l'être les habits de ceux qui dansent une
même entrée. La première fois que le ballet se dansa, le
Duc de Guise, devant que de danser et n'ayant pas encore
son masque, dit quelques mots en passant à la Princesse
de Montpensier. Elle s'aperçut bien que le prince son
mari y avait pris garde, ce qui la mit en inquiétude et,
toute troublée, quelque temps après, voyant le Duc d'An-

---

1. Tous les historiens vantent la beauté de Marguerite de Valois.
2. Élisabeth d'Autriche (1554-1592), fille de l'empereur Maximilien II et
de Marie d'Autriche, épousa Charles IX en 1570. Le contrat fut signé le
14 janvier, le mariage par procuration eut lieu le 22 octobre et le mariage
effectif le 27 novembre à Mézières, en Champagne, selon l'*Histoire généalogique et chronologique de la Maison Royale de France* du Père Anselme.
Chaque événement donna lieu à des festivités. Aucun document n'évoque
le ballet auquel Mme de Lafayette fait allusion.   **3.** Scène de ballet.

---

a. I : *mais qui.*   **b.** I : *lui donnait occasion de lui parler souvent.*
c. I omet : « plus opiniâtrement ».

jou avec son masque et son habit de Maure qui venait
pour lui parler, elle crut que c'était encore le Duc de
Guise et, s'approchant de lui : « N'ayez des yeux ce soir
que pour Madame, lui dit-elle. Je n'en serai point jalouse.
Je vous l'ordonne. On m'observe. Ne m'approchez
plus. » Elle se retira sitôt qu'elle eut achevé ces paroles
et le Duc d'Anjou en demeura accablé comme d'un coup
de tonnerre. Il vit dans ce moment qu'il avait un rival
aimé. Il comprit par le nom de Madame que ce rival était
le Duc de Guise et il ne put douter que la princesse sa
sœur ne fût le sacrifice qui avait rendu la Princesse de
Montpensier favorable aux yeux[a] de son rival. La jalousie, le dépit et la rage se joignant à la haine qu'il avait
déjà pour lui firent dans son âme tout ce qu'on peut imaginer de plus violent et il eût donné sur l'heure quelque
marque sanglante de son désespoir si la dissimulation qui
lui était naturelle ne fût venue à son secours et ne l'eût
obligé par des raisons puissantes, en l'état qu'étaient les
choses, à ne rien entreprendre contre le Duc de Guise. Il
ne put toutefois se refuser le plaisir de lui apprendre qu'il
savait le secret[b] de son amour et, l'abordant en sortant de
la salle où l'on avait dansé : « C'est trop, lui dit-il, d'oser
lever les yeux jusques à ma sœur et de m'ôter ma maîtresse[1]. La considération du Roi m'empêche d'éclater, mais
souvenez-vous que la perte de votre vie sera peut-être la
moindre chose dont je punirai quelque jour votre téméri-
té. » La fierté du Duc de Guise n'était pas accoutumée à
de telles menaces. Il ne put néanmoins y répondre parce
que le Roi qui sortait en ce moment les appela tous deux,
mais elles gravèrent dans son cœur un désir de vengeance
qu'il travailla toute sa vie à satisfaire[2].

Dès le même soir, le Duc d'Anjou lui rendit toutes
sortes de mauvais offices auprès du Roi. Il lui persuada
que jamais Madame ne consentirait à son mariage que

---

1. Femme aimée sans qu'il y ait nécessairement relations sexuelles entre
elle et l'homme qui se déclare son amant.   2. L'auteur suggère que cet
affront serait à l'origine de la constitution de la Ligue en 1576.

---

a. I : *vœux*.   **b.** Ms. fr. : *les secrets*.

l'on proposait alors avec le Roi de Navarre[1] tant que l'on
souffrirait que le Duc de Guise l'approchât et qu'il était
honteux de souffrir que ce duc[a], pour satisfaire sa vanité,
apportât de l'obstacle à une chose qui devait donner la
paix à la France. Le Roi avait déjà assez d'aigreur contre
le Duc de Guise et ce discours l'augmenta si fort que, le
lendemain, le Roi voyant ce duc qui se présentait pour
entrer au bal chez la Reine paré d'un nombre infini de
pierreries, mais plus paré encore de sa bonne mine, il se
mit à l'entrée de la porte et lui demanda brusquement où
il allait. Le duc, sans s'étonner[2], lui dit qu'il venait pour
lui rendre ses très humbles services, à quoi le Roi répliqua
qu'il n'avait pas besoin de ceux qu'il lui rendait[b] et se
tourna sans le regarder[3]. Le Duc de Guise ne laissa pas
d'entrer dans la salle, outré dans le cœur et contre le Roi
et contre le Duc d'Anjou. Mais sa douleur augmenta sa
fierté naturelle et, par une marque[c] de dépit, il s'approcha
beaucoup plus de Madame qu'il n'avait accoutumé, joint
que ce que lui avait dit le Duc d'Anjou de la Princesse
de Montpensier l'empêchait de jeter les yeux sur elle. Le
Duc d'Anjou les observait soigneusement l'un et l'autre
et les yeux de cette princesse laissaient voir malgré elle
quelque chagrin lorsque le Duc de Guise parlait à
Madame. Le Duc d'Anjou, qui avait compris par ce
qu'elle lui avait dit en le prenant pour le duc qu'elle en
avait de la jalousie, espéra de les brouiller et, se mettant
auprès d'elle : « C'est pour votre intérêt plutôt que pour
le mien, Madame, lui dit-il, que je m'en vais vous
apprendre que le Duc de Guise ne mérite pas que vous
l'ayez choisi à mon préjudice. Ne m'interrompez pas, je
vous prie, pour me dire le contraire d'une vérité que je

---

1. Henri de Bourbon (1553-1610), fils d'Antoine de Bourbon et de Jeanne
d'Albret, roi de Navarre en 1572, roi de France sous le nom d'Henri IV en
1589. Il épousa Marguerite de France, duchesse de Valois, le 18 août 1572.
En 1570, il n'est cependant pas encore question de lui comme prétendant
pour Marguerite de Valois. La liaison de la princesse et du duc de Guise
traverse un projet de mariage avec le roi du Portugal.   2. Montrer de la
stupeur, se troubler.   3. L'historien E. Davila raconte cette scène.

---

a. I : *de souffrir qu'un de ses sujets.*   **b.** Ms. fr. : *ceux qui lui ren-
daient des mécontentements.*   **c.** I : *manière.*

ne sais que trop. Il vous trompe, Madame, et vous sacrifie à ma sœur comme il vous la sacrifie. C'est un homme qui n'est capable que d'ambition, mais, puisqu'il a eu le bonheur de vous plaire, c'est assez. Je ne m'opposerai point à une fortune que je méritais sans doute mieux que lui, mais je m'en rendrais indigne si je m'opiniâtrais davantage à la conquête d'un cœur qu'un autre possède. C'est trop de n'avoir pu attirer que votre indifférence : je ne veux pas y faire succéder la haine en vous importunant plus longtemps de la plus fidèle passion qui fut jamais. » Le Duc d'Anjou, qui était effectivement touché d'amour et de douleur, put à peine achever ces paroles et, quoiqu'il eût commencé son discours dans un esprit de dépit et de vengeance, il s'attendrit en considérant la beauté de la princesse et la perte qu'il faisait en perdant l'espérance d'en être aimé, de sorte que, sans attendre sa réponse, il sortit du bal feignant de se trouver mal et s'en alla chez lui rêver à son malheur.

La Princesse de Montpensier demeura affligée et troublée, comme on se le peut imaginer, de voir sa réputation et le secret de sa vie entre les mains d'un prince qu'elle avait maltraité et d'apprendre par lui sans pouvoir en douter qu'elle était trompée par son amant étaient des choses peu capables de lui laisser la liberté d'esprit que demandait un lieu destiné à la joie. Il fallut pourtant y demeurer et aller souper ensuite chez la Duchesse de Montpensier sa belle-mère, qui la mena avec elle. Le Duc de Guise, qui mourait d'impatience de lui conter ce que lui avait dit le Duc d'Anjou le jour précédent, la suivit chez sa sœur. Mais quel fut son étonnement lorsque, voulant parler à cette belle princesse, il trouva qu'elle n'ouvrit la bouche [a] que pour lui faire des reproches épouvantables, que le dépit lui faisait faire si confusément qu'il n'y pouvait rien comprendre, sinon qu'elle l'accusait d'infidélité et de trahison ! Désespéré [b] de trouver une si grande augmentation de douleur où il avait espéré de se consoler de toutes les siennes [c] et aimant cette princesse avec une passion qui

---

a. I : *qu'elle ne lui parlait.* **b.** I : *Accablé de désespoir.* **c.** I : *de tous ses ennuis.*

ne pouvait plus le laisser vivre dans l'incertitude d'en être aimé, il se détermina tout d'un coup : « Vous serez satisfaite, Madame, lui dit-il. Je m'en vais faire pour vous ce que toute la puissance royale n'aurait pu obtenir de moi. Il m'en coûtera ma fortune, mais c'est peu de chose pour vous satisfaire » et, sans demeurer davantage chez la duchesse sa sœur, il s'en alla trouver à l'heure même les Cardinaux ses oncles et, sur le prétexte du mauvais traitement qu'il avait reçu du Roi[1], il leur fit voir une si grande nécessité pour sa fortune à ôter la pensée qu'on avait qu'il prétendait à épouser[a] Madame, qu'il les obligea à conclure son mariage avec la Princesse de Portien[2], dont on avait déjà parlé, ce qui fut conclu et publié dès le lendemain[b].

Tout le monde fut surpris de ce mariage et la Princesse de Montpensier en fut touchée de joie et de douleur. Elle fut bien aise de voir par là le pouvoir qu'elle avait sur le Duc de Guise et elle fut fâchée en même temps de lui avoir fait abandonner une chose aussi avantageuse que le mariage de Madame. Le Duc de Guise, qui voulait[c] que l'amour le récompensât de ce qu'il perdait du côté de la fortune, pressa la princesse de lui donner une audience particulière pour s'éclairer[d] des reproches injustes qu'elle lui avait faits. Il obtint qu'elle se trouverait chez la Duchesse de Montpensier sa sœur à une heure que la duchesse n'y serait pas et qu'il s'y rencontrerait[e]. Cela fut exécuté comme il avait été résolu. Le Duc de Guise eut la joie de se pouvoir jeter à ses pieds, de lui parler en liberté de sa passion et de lui dire ce qu'il avait souffert de ses soupçons. La princesse ne pouvait s'ôter de l'esprit

---

1. Ce prétexte est la véritable raison de son mariage selon E. Davila.
2. Catherine de Clèves (1548-1633), comtesse d'Eu, fille cadette de François de Clèves, duc de Nevers, et de Marguerite de Bourbon-Vendôme, veuve d'Antoine de Croy, prince de Portien, depuis 1567. Elle épousa le duc de Guise en septembre 1570.

a. I : *fortune à faire paraître qu'il n'avait aucune pensée d'épouser.* b. I : *de Portien, duquel on avait déjà parlé. La nouvelle de ce mariage fut aussitôt sue par tout Paris. Tout le monde...* c. Ms. fr. et I : *qui voulait au moins...* d. I : *s'éclaircir.* e. I : *et qu'il pourrait l'entretenir en particulier.*

ce que lui avait dit le Duc d'Anjou, quoique le procédé du
Duc de Guise la dût absolument rassurer. Elle lui apprit le
juste sujet qu'elle avait de croire qu'il l'avait trahie,
puisque le Duc d'Anjou savait ce qu'il ne pouvait avoir
appris que de lui. Le Duc de Guise ne savait par où se
défendre et était aussi embarrassé que la Princesse de
Montpensier à deviner ce qui avait pu découvrir leur intelligence. Enfin, dans la suite de leur conversation, cette
princesse lui faisant voir *a* qu'il avait eu tort de précipiter
son mariage avec la Princesse de Portien et d'abandonner
celui de Madame qui lui était si avantageux, elle lui dit
qu'il pouvait bien juger qu'elle n'en eût eu aucune jalousie, puisque, le jour du ballet, elle-même l'avait conjuré
de n'avoir des yeux que pour Madame. Le Duc de Guise
lui dit *b* qu'elle avait eu intention de lui faire ce commandement, mais que sa bouche ne l'avait pas exécuté *c*. La
princesse lui soutenait le contraire. Enfin, à force de disputer et d'approfondir, ils trouvèrent qu'il fallait qu'elle
se fût trompée dans la ressemblance des habits et qu'elle-
même eût appris au Duc d'Anjou ce qu'elle accusait le
Duc de Guise de lui avoir dit. Le Duc de Guise, qui était
presque justifié dans son esprit par son mariage, le fut
entièrement par cette conversation. Cette belle princesse
ne put refuser son cœur à un homme qui l'avait possédé
autrefois et qui venait de tout abandonner pour elle. Elle
consentit donc à recevoir ses vœux et lui permit de croire
qu'elle n'était pas insensible à sa passion. L'arrivée de la
Duchesse de Montpensier sa belle-mère finit cette conversation et empêcha le Duc de Guise de lui faire voir les
transports de sa joie.

Peu après, la Cour s'en alla à Blois[1], où la Princesse
de Montpensier la suivit. Le mariage de Madame avec le

---

1. Mme de Lafayette suit la narration des événements chez l'historien
E. Davila. La cour se rend à Blois en août 1571. Elle rentre à Paris en
décembre, puis retourne à Blois à la fin du mois de février 1572.

---

a. I : *conversation, comme elle lui remontrait.*   **b.** NAF omet « lui
dit ». On rétablit suivant Ms. fr. et I.   **c.** I : *mais qu'assurément elle ne
le lui avait pas fait.*

Roi de Navarre y fut conclu[1] et le Duc de Guise, qui ne
se connaissait plus de grandeur ni de bonne fortune que
celle d'être aimé de la princesse, vit avec joie la conclusion de ce mariage, qui l'aurait comblé de douleur dans
un autre temps. Il ne pouvait si bien cacher son amour
que la jalousie du Prince de Montpensier n'en entrevît
quelque chose et, n'étant plus maître de son inquiétude[a],
il ordonna à la princesse sa femme de s'en aller à Champigny pour se guérir de ses soupçons. Ce commandement
lui fut bien rude, mais il fallut l'exécuter[b]. Elle trouva
moyen de dire adieu en particulier au Duc de Guise, mais
elle se trouva bien embarrassée à lui donner des moyens
sûrs pour lui écrire. Enfin, après avoir bien cherché, elle
jeta les yeux sur le Comte de Chabannes qu'elle comptait
toujours pour son ami, sans considérer qu'il était son
amant. Le Duc de Guise, qui savait à quel point ce comte
était ami du Prince de Montpensier, fut épouvanté qu'elle
le choisît pour son confident, mais elle lui répondit si bien
de sa fidélité qu'elle le rassura et ce duc se sépara d'elle
avec toute la douleur que peut causer l'absence d'une personne que l'on aime passionnément.

Le Comte de Chabannes, qui avait toujours été malade
chez lui[c] pendant le séjour de la Princesse de Montpensier
à la Cour[d], sachant qu'elle s'en allait à Champigny, la
vint trouver sur le chemin pour s'y en aller avec elle. Il
fut d'abord charmé de la joie que lui témoigna cette princesse de le voir et plus encore de l'impatience qu'elle
avait de le pouvoir entretenir. Mais[e] quel fut son étonnement et sa douleur quand il trouva que cette impatience
n'allait qu'à lui conter qu'elle était passionnément aimée
du Duc de Guise et qu'elle ne l'aimait pas moins[f]! Sa

---

1. Le traité de paix et le contrat de mariage qui en faisait un article sont
passés à Blois le 11 avril 1572. Le mariage religieux eut lieu à Notre-Dame
de Paris le 18 août.

---

a. I : *son amour que le Prince de Montpensier n'en entrevît quelque
chose, lequel, n'étant plus maître de sa jalousie.*   b. I : *il fallut pourtant
obéir.*   c. I : *à Paris.*   d. I : *à Blois.*   e. I : *avec elle. Elle lui fit
mille caresses et mille amitiés et lui témoigna une impatience extraordinaire de s'entretenir en particulier, dont il fut d'abord charmé. Mais...*
f. I : *qu'elle l'aimait de la même sorte.*

douleur ne lui permit *ᵃ* pas de répondre, mais cette princesse, qui était pleine de sa passion et qui trouvait un
soulagement extrême à lui en parler, ne prit pas garde à
son silence et se mit à lui conter jusques aux plus petites
circonstances de son aventure et lui dit comme le Duc de
Guise et elle étaient convenus de recevoir leurs lettres
par son moyen. Ce fut le dernier coup pour le Comte de
Chabannes de voir que sa maîtresse voulait qu'il servît
son rival et qu'elle lui en faisait la proposition comme
d'une chose naturelle *ᵇ*, sans envisager le supplice où elle
l'exposait. Il était si absolument maître de lui-même qu'il
lui cacha tous ses sentiments et lui témoigna seulement
la surprise où il était de voir en elle un si grand changement. Il espéra d'abord que ce changement, qui lui ôtait
toute espérance *ᶜ*, lui ôterait infailliblement son amour *ᵈ*,
mais il trouva cette princesse si belle et sa grâce naturelle
si augmentée par celle *ᵉ* que lui avait donnée l'air de la
Cour qu'il sentit qu'il l'aimait plus que jamais. Toutes
les confidences qu'elle lui faisait sur la tendresse et la
délicatesse de ses sentiments pour le Duc de Guise lui
faisaient voir le prix du cœur de cette princesse et lui
donnaient un violent désir *ᶠ* de le posséder. Comme sa
passion était la plus extraordinaire du monde, elle produi-
sit aussi l'effet du monde le plus extraordinaire, car elle
le fit résoudre de porter à sa maîtresse les lettres de son
rival.

L'absence du Duc de Guise donnait un chagrin mortel
à la Princesse de Montpensier et, n'espérant de soulagement que par ses lettres, elle tourmentait incessamment
le Comte de Chabannes pour savoir s'il n'en recevait
point et se prenait quasi à lui de n'en pas avoir assez tôt.
Enfin, il en reçut par un gentilhomme exprès [1] et il les lui
apporta à l'heure même pour ne lui pas retarder sa joie

---

1. Chargé particulièrement de cette mission.

---

a. I : *Son étonnement et sa douleur ne lui permirent.*   **b.** I : *une chose
qui lui devait être agréable.*   **c.** I : *toutes ses espérances.*   **d.** I : *ôterait aussi toute sa passion.*   **e.** I : *cette Princesse si charmante, sa beauté
naturelle étant encore de beaucoup augmentée par une certaine grâce.*
f. I : *un désir.*

d'un moment. La joie qu'elle eut de les recevoir fut
extrême. Elle ne prit pas le soin de la lui cacher et lui fit
avaler à longs traits tout le poison imaginable en lui lisant
ses lettres et la réponse tendre et galante qu'elle y faisait.
Il porta cette réponse au gentilhomme avec autant de fidélité qu'il avait fait la lettre, mais avec plus de douleur. Il
se consola pourtant un peu dans la pensée que cette princesse ferait quelque réflexion sur ce qu'il faisait pour elle
et qu'elle lui en témoignerait de la reconnaissance, mais,
la trouvant tous les jours plus rude pour lui par le chagrin
qu'elle avait d'ailleurs, il prit la liberté de la supplier de
penser un peu à ce qu'elle lui faisait souffrir. La princesse, qui n'avait dans la tête que le Duc de Guise et qui
ne trouvait que lui digne de l'adorer, trouva si mauvais
qu'un autre mortel [a] osât encore penser à elle qu'elle mal-
traita bien plus le Comte de Chabannes qu'elle n'avait
fait la première fois qu'il lui avait parlé de son amour. Ce
comte, dont la passion et la patience étaient aux dernières
épreuves, sortit en même temps d'auprès d'elle et de
Champigny [b] et s'en alla chez un de ses amis dans le voi-
sinage, d'où il lui écrivit avec toute la rage que pouvait
causer son procédé [c], mais néanmoins avec tout le respect
qui était dû à sa qualité, et par sa lettre il lui disait un
éternel adieu. La princesse commença à se repentir
d'avoir si peu ménagé un homme sur qui elle avait tant
de pouvoir et, ne pouvant se résoudre à le perdre à cause
de l'amitié qu'elle avait pour lui et par l'intérêt de son
amour pour le Duc de Guise, où il lui était nécessaire,
elle lui manda qu'elle voulait absolument lui parler
encore une fois et puis qu'elle le laisserait libre de faire
ce qu'il voudrait. L'on est bien faible quand on est amoureux. Le comte revint et en une heure [d] la beauté de la
Princesse de Montpensier, son esprit et quelques paroles
obligeantes le rendirent plus soumis qu'il n'avait jamais
été et il lui donna même des lettres du Duc de Guise qu'il
venait de recevoir.

---

a. I : *qu'un autre que lui.*   **b.** I : *Quoique sa passion, aussi bien que sa
patience, fût extrême et à toutes épreuves, il quitta la Princesse.*   **c.** I : *un si
étrange procédé.*   **d.** I : *en moins d'une heure.*

Pendant ce temps, l'envie qu'on eut à la Cour d'y faire revenir les chefs du parti huguenot pour cet horrible dessein que l'on exécuta le jour de la Saint-Barthélemy [1] fit que le Roi, pour les mieux tromper, éloigna de lui tous les princes de la maison de Bourbon et tous ceux de la maison de Guise. Le Prince de Montpensier s'en revint à Champigny pour achever d'accabler la princesse sa femme par sa présence et tous les Princes de Guise [a] s'en allèrent à la campagne chez le Cardinal de Lorraine leur oncle. L'amour et l'oisiveté mirent dans l'esprit du Duc de Guise un si violent désir de voir la Princesse de Montpensier que, sans considérer ce qu'il hasardait pour elle et pour lui, il feignit un voyage et, laissant tout son train [2] dans une petite ville, il prit avec lui ce seul gentilhomme qui avait déjà fait plusieurs voyages à Champigny et il s'y en alla en poste [3]. Comme il n'avait point d'autre adresse que celle du Comte de Chabannes, il lui fit écrire un billet par ce même gentilhomme qui le priait de le venir trouver en un lieu qu'il lui marquait. Le Comte de Chabannes, croyant seulement que c'était pour recevoir des lettres du Duc de Guise, alla trouver le gentilhomme, mais il fut étrangement [b] surpris quand il vit le Duc de Guise et n'en fut pas moins affligé. Ce duc, occupé de son dessein, ne prit non plus garde à l'embarras du comte que la Princesse de Montpensier avait fait à son silence lorsqu'elle lui avait conté son amour et il se mit à lui exagérer sa passion et à lui faire comprendre qu'il mourrait infailliblement s'il ne lui faisait obtenir de la princesse la permission de la voir. Le Comte de Chabannes lui répondit seulement [c] qu'il dirait à cette princesse tout ce qu'il souhaitait et qu'il viendrait lui en rendre réponse.

---

1. Le massacre perpétré le 24 août 1572 est condamné par de nombreux historiens, dont F. E. de Mézeray chez lequel Mme de Lafayette a puisé beaucoup de son information. **2.** Les hommes et les bêtes qui constituent sa suite. **3.** C'est-à-dire en voiture ordinaire. Le duc de Guise voyageant parmi les roturiers que transporte la voiture du courrier s'abaisse par amour.

---

a. Ms. fr. : *tous ceux de Guise*. I : *Le Duc de Guise s'en alla.* **b.** I : *extrêmement.* **c.** I : *froidement.*

Le Comte de Chabannes reprit le chemin de Champigny combattu de ses propres sentiments avec une violence qui lui ôtait quelquefois toute sorte de connaissance. Souvent, il résolvait de renvoyer le Duc de Guise sans le dire à la Princesse de Montpensier, mais la fidélité exacte qu'il lui avait promise changeait[a] sa résolution. Il arriva à Champigny sans savoir ce qu'il devait faire et, apprenant que le Prince de Montpensier était à la chasse, il alla droit à l'appartement de la princesse qui, le voyant avec toutes les marques d'une violente agitation[b], fit retirer aussitôt ses femmes pour savoir le sujet de ce trouble. Il lui dit, se modérant le plus qu'il lui fut possible, que le Duc de Guise était à une lieue de Champigny, qui demandait à la voir[c]. La princesse fit un grand cri à cette nouvelle et son embarras ne fut guère moindre que celui du comte. Son amour lui présenta d'abord la joie qu'elle aurait de voir un homme qu'elle aimait si tendrement. Mais quand elle pensa combien cette action était contraire à sa vertu et qu'elle ne pouvait voir son amant qu'en le faisant entrer la nuit chez elle, à l'insu de son mari, elle se trouva dans une extrémité épouvantable. Le Comte de Chabannes attendait sa réponse comme une chose qui allait décider de sa vie ou de sa mort, mais, jugeant de son incertitude par son silence, il prit la parole pour lui représenter tous les périls où elle s'exposerait par cette entrevue et, voulant lui faire voir qu'il ne tenait pas ce discours pour ses intérêts, il lui dit : « Si, après tout ce que je viens de vous représenter, Madame, votre passion est la plus forte et que vous vouliez voir le Duc de Guise, que ma considération ne vous en empêche point, si celle de votre intérêt ne le fait pas. Je ne veux point priver de sa satisfaction[d] une personne que j'adore ou être cause qu'elle cherche des personnes moins fidèles que moi pour se la procurer. Oui, Madame, si vous voulez, je vais[e] quérir le Duc de Guise dès ce soir, car il est trop périlleux de le laisser plus longtemps où il est et je l'amènerai dans votre appar-

---

a. I : *changeait aussitôt.*   **b.** I : *le voyant troublé.*   **c.** I : *et qu'il souhaitait passionnément de la voir.*   **d.** I : *d'une si grande satisfaction.*   **e.** I : *j'irai.*

tement. — Mais par où et comment ?, interrompit la princesse. — Ha ! Madame, s'écria le comte, c'en est fait, puisque vous ne délibérez plus que sur les moyens. Il viendra, Madame, ce bienheureux[a]. Je l'amènerai par le parc. Donnez ordre seulement à celle de vos femmes à qui vous vous fiez[b] qu'elle baisse le petit pont-levis qui donne de votre antichambre dans le parterre précisément à minuit et ne vous inquiétez pas du reste. » En achevant ces paroles, le Comte de Chabannes se leva et, sans attendre d'autre consentement de la Princesse de Montpensier, il remonta à cheval et vint trouver le Duc de Guise, qui l'attendait avec une violente impatience[c].

La Princesse de Montpensier demeura si troublée qu'elle demeura quelque temps sans revenir à elle. Son premier mouvement fut de faire rappeler le Comte de Chabannes pour lui défendre d'amener le Duc de Guise, mais elle n'en eut pas la force et elle pensa que, sans le rappeler, elle n'avait qu'à ne point faire abaisser le pont. Elle crut qu'elle continuerait dans cette résolution, mais, quand onze heures approchèrent[d], elle ne put résister à l'envie de voir un amant qu'elle croyait si digne d'elle et instruisit une de ses femmes de tout ce qu'il fallait faire pour introduire le Duc de Guise dans son appartement. Cependant, ce duc et le Comte de Chabannes approchaient de Champigny dans un état bien différent. Le duc abandonnait son âme à la joie et à tout ce que l'espérance inspire de plus agréable et le comte s'abandonnait à un désespoir et à une rage qui le poussa mille fois à donner de son épée au travers du corps de son rival. Enfin, ils arrivèrent au parc de Champigny et laissèrent leurs chevaux à l'écuyer du Duc de Guise et, passant par des brèches qui étaient aux murailles, ils vinrent dans le parterre. Le Comte de Chabannes, au milieu de son désespoir, avait conservé quelque rayon d'espérance que la Princesse de Montpensier aurait fait revenir sa raison[e] et

---

a. I : *ce bienheureux amant.*   **b.** I : *vous vous fiez le plus.*   **c.** I : *une impatience extrême.*   **d.** I : *l'heure de l'assignation approcha.* **e.** Ms. fr. : *avait conservé quelque rayon d'espérance que la raison serait revenue à la princesse.*

qu'elle se serait résolue à ne point recevoir *a* le Duc de
Guise. Quand il vit ce petit pont abaissé, ce fut alors qu'il
ne put douter de rien *b* et ce fut alors *c* qu'il fut tout prêt à
se porter aux dernières extrémités, mais, venant à penser
que, s'il faisait du bruit, il serait ouï apparemment du
Prince de Montpensier, dont l'appartement donnait sur ce
même parterre, et que tout ce désordre tomberait ensuite
sur la Princesse de Montpensier *d*, sa rage se calma à
l'heure même et il acheva de conduire le Duc de Guise
aux pieds de sa princesse et il ne put se résoudre à être
témoin de leur conversation, quoique la princesse lui
témoignât le souhaiter et qu'il l'eût bien souhaité lui-
même. Il se retira dans un petit passage qui regardait du
côté de l'appartement du Prince de Montpensier, ayant
dans l'esprit les plus tristes pensées qui aient jamais
occupé l'esprit d'un amant.

Cependant, quelque peu de bruit qu'ils eussent fait en
passant sur le pont, le Prince de Montpensier, qui par
malheur était éveillé dans ce moment, l'entendit et fit
lever un de ses valets *e* pour voir ce que c'était. Le valet
de chambre mit la tête à la fenêtre et, au travers de l'obscurité de la nuit, il aperçut que le pont était abaissé et en
avertit son maître qui lui commanda en même temps d'aller dans le parc voir ce que ce pouvait être et, un moment
après, il se leva lui-même, étant inquiet de ce qu'il lui
semblait avoir ouï marcher, et s'en vint droit à l'appartement de la princesse sa femme, où il savait que le pont
venait répondre. Dans le moment qu'il approchait de ce
petit passage où était le Comte de Chabannes, la Princesse
de Montpensier, qui avait quelque honte de se trouver
seule avec le Duc de Guise, pria plusieurs fois le comte
d'entrer dans sa chambre. Il s'en excusa toujours et,
comme elle l'en pressait davantage, possédé de rage et de
fureur, il lui répondit si haut qu'il fut ouï du Prince de
Montpensier, mais si confusément qu'il entendit seulement la voix d'un homme, sans distinguer celle du comte.

---

a. I : *avait toujours quelque espérance que la raison reviendrait à la
Princesse de Montpensier et qu'elle prendrait enfin résolution de ne point
voir.*   **b.** I : *du contraire.*   **c.** Ms. fr. et I : *fut aussi alors.*   **d.** I : *sur la
personne qu'il aimait le plus.*   **e.** Ms. fr. et I : *valets de chambre.*

Une pareille aventure eût donné de l'emportement à un esprit plus tranquille et moins jaloux. Aussi mit-elle d'abord l'excès de la rage et de la fureur dans celui du prince, qui heurta aussitôt à la porte avec impétuosité et, criant pour se faire ouvrir, il donna la plus cruelle surprise qui ait jamais été[a] à la princesse, au Duc de Guise et au Comte de Chabannes. Ce dernier, entendant la voix du prince, vit[b] d'abord qu'il était impossible de lui cacher[c] qu'il n'y eût[d] quelqu'un dans la chambre de la princesse sa femme et, la grandeur de sa passion lui montrant en un moment que, si le Duc de Guise était trouvé, Madame de Montpensier aurait la douleur de le voir tuer à ses yeux et que la vie même de cette princesse ne serait pas en sûreté, il se résolut, par une générosité sans exemple, de s'exposer pour sauver une maîtresse ingrate et un rival aimé et, pendant que le Prince de Montpensier donnait mille coups à la porte, il vint au Duc de Guise qui ne savait quelle résolution prendre et le mit entre les mains de cette femme de Madame de Montpensier qui l'avait fait entrer pour le faire ressortir par le même pont pendant qu'il s'exposerait à la fureur du prince. À peine le duc était-il sorti par l'antichambre, que le prince ayant enfoncé la porte du passage entra comme un homme possédé de fureur et qui cherchait des yeux sur qui la faire éclater. Mais, quand il ne vit que le Comte de Chabannes et qu'il le vit appuyé sur la table, avec un visage où la tristesse était peinte et comme immobile, il demeura immobile lui-même et la surprise de trouver[e] dans la chambre de sa femme l'homme du monde qu'il aimait le mieux et qu'il aurait le moins cru y trouver[f] le mit hors d'état de pouvoir parler. La princesse était à demi évanouie sur des carreaux[1] et jamais peut-être la fortune n'a mis trois personnes en des états si violents[g].

---

1. Grands oreillers ou coussins carrés en velours disposés dans les chambres pour s'asseoir ou s'accouder.

---

a. I : *plus cruelle surprise du monde.*   **b.** I : *comprit.*   **c.** I : *impossible de l'empêcher de croire.*   **d.** NAF : *qu'il n'eût vu.* On suit plutôt Ms. fr. et I.   **e.** I : *trouver et seul et la nuit.*   **f.** I omet : « et qu'il aurait le moins cru y trouver ».   **g.** I : *pitoyables.*

Enfin, le Prince de Montpensier, qui ne croyait pas voir ce qu'il voyait et qui voulait éclaircir ce chaos où il venait de tomber, adressant la parole au comte d'un ton qui faisait voir que l'amitié combattait encore pour lui : « Que vois-je, lui dit-il, est-ce une illusion ou une vérité ? Est-il possible qu'un homme que j'ai aimé si chèrement choisisse ma femme entre toutes les femmes du monde pour la séduire ? Et vous, Madame, dit-il à la princesse en se tournant de son côté, n'était-ce point assez de m'ôter votre cœur et mon honneur sans m'ôter le seul homme qui me pouvait consoler de ces malheurs ? Répondez-moi l'un ou l'autre, leur dit-il, et éclaircissez-moi d'une aventure que je ne puis croire telle qu'elle me paraît. » La princesse n'était pas capable de répondre et le Comte de Chabannes ouvrit plusieurs fois la bouche sans pouvoir parler. « Je suis criminel à votre égard, lui dit-il enfin, et indigne de l'amitié que vous avez eue pour moi, mais ce n'est pas de la manière que vous pouvez vous l'imaginer : je suis plus malheureux que vous, s'il se peut[a], et plus désespéré. Je ne saurais vous en dire davantage. Ma mort vous vengera et, si vous voulez me la donner tout à l'heure, vous me donnerez la seule chose qui peut m'être agréable. » Ces paroles, prononcées avec une douleur mortelle et avec un air qui marquait son innocence, au lieu d'éclaircir le Prince de Montpensier, lui persuadaient encore plus qu'il y avait quelque mystère dans cette aventure qu'il ne pouvait démêler[b] et son désespoir s'augmentant par cette incertitude : « Ôtez-moi la vie vous-même, lui dit-il, ou tirez-moi du désespoir où vous me mettez. C'est la moindre chose que vous devez à l'amitié que j'ai eue pour vous et à la modération qu'elle me fait encore garder, puisque[c] tout autre que moi aurait déjà vengé sur votre vie un affront dont je ne puis quasi douter[d]. — Les apparences sont bien fausses, interrompit le comte. — Ha, c'est trop, répliqua le Prince de Montpensier, il faut que je me venge, puis je m'éclaircirai à loisir » et, disant ces

---

a. I omet : « s'il se peut ».   **b.** I : *deviner*.   **c.** I : *lui dit-il, ou donnez-moi l'éclaircissement de vos paroles. Je n'y comprends rien. Vous devez cet éclaircissement à mon amitié. Vous le devez à ma modération, car...*   **d.** I : *un affront si sensible.*

paroles, il s'approcha du Comte de Chabannes avec l'action d'un homme emporté de rage et la princesse, craignant un malheur qui ne pouvait pourtant pas arriver, le prince son mari n'ayant point d'arme[a], se leva pour se mettre entre deux. La faiblesse où elle était la fit succomber à cet effort et, en approchant[b] de son mari, elle tomba évanouie à ses pieds. Le prince fut touché de la voir en cet état aussi bien que de la tranquillité où le comte était demeuré quand il s'était approché[c] de lui et, ne pouvant plus soutenir la vue de ces deux personnes qui lui donnaient des mouvements si opposés[d], il tourna la tête de l'autre côté et se laissa tomber sur le lit de sa femme, accablé d'une douleur incroyable. Le Comte de Chabannes, pénétré de repentir d'avoir abusé d'une amitié dont il recevait tant de marques et ne trouvant pas qu'il pût jamais réparer ce qu'il venait de faire, sortit brusquement de la chambre et, passant par l'appartement du prince dont il trouva les portes ouvertes, descendit dans la cour, se fit donner des chevaux et s'en alla dans la campagne, guidé par son seul désespoir.

Cependant, le prince, qui voyait que la princesse ne revenait point de son évanouissement, la laissa entre les mains de ses femmes et se retira dans sa chambre avec une douleur mortelle. Le Duc de Guise, qui était sorti heureusement du parc, sans savoir quasi ce qu'il faisait tant il était troublé, s'éloigna de Champigny de quelques lieues, mais il ne put s'éloigner davantage sans savoir des nouvelles de la princesse. Il s'arrêta dans une forêt et envoya son écuyer pour apprendre du Comte de Chabannes ce qui était arrivé de cette terrible aventure. L'écuyer ne trouva point le Comte de Chabannes et il sut seulement qu'on disait que la princesse était extrêmement malade. L'inquiétude du Duc de Guise ne fut qu'augmentée par ce qu'il apprit de son écuyer, mais, sans la pouvoir

soulager, il fut contraint d'aller retrouver tous ses oncles [a]
pour ne pas donner du soupçon [b] par un plus long voyage.

L'écuyer du Duc de Guise lui avait rapporté la vérité en
lui disant que Madame de Montpensier était extrêmement
malade. Car il était vrai que, sitôt que ses femmes l'eurent
mise dans son lit, la fièvre lui prit si violente et avec des
rêveries [1] si horribles que, dès le second jour, l'on craignit
pour sa vie. Le prince son mari feignit d'être malade pour
empêcher qu'on ne s'étonnât de ce qu'il n'entrait point
dans sa chambre. L'ordre qu'il reçut de s'en retourner à la
Cour, où l'on rappelait tous les princes catholiques pour
exterminer les Huguenots, le tira de l'embarras où il était
et il s'en alla à Paris ne sachant ce qu'il avait à souhaiter [c]
ou à craindre du mal de la princesse sa femme. Il n'y fut
pas sitôt arrivé qu'on commença d'attaquer les Huguenots
en la personne d'un de leurs chefs, l'amiral de Châtillon,
et deux jours après on en fit cet horrible massacre si
renommé par toute l'Europe. Le pauvre Comte de Chabannes, qui s'était venu cacher dans l'extrémité de l'un
des faubourgs de Paris pour s'abandonner [d] à sa douleur,
fut enveloppé dans la ruine des Huguenots. Les personnes
chez qui il s'était retiré l'ayant reconnu et s'étant souve-
nues qu'on l'avait soupçonné d'être de ce parti le massa-
crèrent cette même nuit qui fut si funeste à tant de gens.
Le matin, le Prince de Montpensier allant donner
quelques ordres hors de la ville passa dans la même rue
où était le corps de Chabannes. Il fut d'abord saisi d'étonnement à ce pitoyable spectacle. Ensuite, son amitié se
réveillant lui donna de la douleur, mais, enfin, le souvenir
de l'offense qu'il croyait en avoir reçue lui donna de la
joie et il fut bien aise de se voir vengé par la fortune.

Le Duc de Guise, occupé du désir de venger la mort

---

1. Songes extravagants, délire, voire démence, qui s'emparent d'un
malade.

---

a. Ms. fr. et I : *de s'en retourner trouver ses oncles.*   **b.** Ms. fr. et I :
de soupçon.   **c.** I : *espérer.*   **d.** Ms. fr. et I : *s'abandonner entièrement.*

de son père et peu après joyeux [a] de l'avoir vengée [1], laissa peu à peu s'éloigner de son âme le soin d'apprendre des nouvelles de la Princesse de Montpensier et, trouvant la Marquise de Noirmoutiers [2] personne de beaucoup d'esprit, de beauté et qui donnait plus d'espérance que cette princesse, il s'y attacha entièrement et l'aima jusques à la mort [b]. Cependant, après que la violence du mal [c] de Madame de Montpensier fut venue au dernier point, il commença à diminuer. La raison lui revint et, se trouvant soulagée [d] par l'absence du prince son mari, elle donna quelque espérance de sa vie. Sa santé revenait avec grand peine par le mauvais état de son esprit, qui fut travaillé [e] de nouveau se souvenant de n'avoir eu aucune nouvelle [f] du Duc de Guise pendant toute sa maladie. Elle s'enquit de ses femmes si elles n'avaient vu personne, si elles n'avaient point de lettres et, ne trouvant rien de ce qu'elle eût souhaité, elle se trouva la plus malheureuse du monde d'avoir tout hasardé pour un homme qui l'abandonnait. Ce lui fut encore un nouvel accablement d'apprendre la mort du Comte de Chabannes, qu'elle sut bientôt par les soins du prince son mari. L'ingratitude du Duc de Guise lui fit sentir plus vivement la perte d'un homme dont elle connaissait si bien la fidélité. Tant de déplaisirs si pressants la remirent bientôt dans un état aussi dangereux que celui dont elle était sortie et, comme Madame de Noirmoutiers était une personne qui prenait autant de soin de faire éclater ses galanteries que les autres prennent de les cacher, celles de Monsieur de Guise et d'elle étaient si

---

1. Tous les historiens soulignent le désir de vengeance du duc depuis l'assassinat de son père en 1563 au siège d'Orléans.   2. Charlotte de Beaune (1551-1617) n'est pas encore marquise de Noirmoutiers en 1572. Elle est alors l'épouse de Simon de Fizes, baron de Sauve, secrétaire d'État, qui ne mourra qu'en 1579. Elle épousa François de la Trémouille, marquis de Noirmoutiers, en 1584.

---

a. Ms. fr. : *rempli de joie*, et I : *rempli de la joie*.   b. Ms. fr. : *et l'aima avec cette passion démesurée qui lui dura jusqu'à la mort*, et I : *et l'aima avec une passion démesurée et qui lui dura jusques à la mort*.   c. I : *que le mal*.   d. Ms. fr. et I : *un peu soulagée*.   e. Ms. fr. et I : *et son esprit fut travaillé...*   f. Ms. fr. et I : *quand elle se souvint qu'elle n'avait eu aucune nouvelle*.

publiques que tout éloignée et malade qu'était Madame de Montpensier, elle l'apprit de tant de côtés qu'elle n'en put douter. Ce fut le coup mortel pour sa vie. Elle ne put résister à la douleur d'avoir perdu l'estime de son mari, le cœur de son amant et le plus parfait ami qui fut jamais. Elle mourut en peu de jours[a], dans la fleur de son âge[1], une des plus belles princesses du monde et qui aurait été la plus heureuse[b] si la vertu et la prudence eussent conduit toutes ses actions[c].

---

1. Le Père Anselme écrit qu'elle « mourut en la fleur de son âge ».

---

a. Ms. fr. : *peu de jours après.*   **b.** I : *sans doute la plus heureuse.*   **c.** Ms. fr. : *les actions de sa vie.*

HISTOIRE DE
LA COMTESSE DE TENDE

Histoire de la Comtesse de Tende
par Madame de Lafayette [a]

Mademoiselle de Strozzi [1], fille du Maréchal et proche parente de Catherine de Médicis, épousa, la première année de la régence de cette Reine [2], le Comte de Tende, de la maison de Savoie [3], riche, bien fait, plus propre à se faire estimer qu'à plaire, le seigneur de la Cour qui vivait avec le plus d'éclat. Sa femme néanmoins l'aima d'abord avec passion. Elle était fort jeune. Il ne la regarda que comme un [b] enfant et il fut bientôt amoureux d'une autre. La Comtesse de Tende, vive et d'une race italienne, devint jalouse. Elle ne se donnait point de repos et n'en laissait point à son mari. Il évita sa présence et ne vécut plus avec elle comme l'on vit avec sa femme.

La beauté de la comtesse augmenta. Elle fit paraître beaucoup d'esprit. Le monde la regarda avec admiration. Elle fut occupée d'elle-même et guérit insensiblement de sa jalousie et de sa passion. Elle devint l'amie [c] de la Princesse de Neuchâtel [4], jeune, belle et veuve du prince

---

1. Clarisse Strozzi (?-1564), fille de Pierre Strozzi, maréchal de France, et de Léodamia de Médicis. 2. C'est-à-dire en 1560, la première année du règne de Charles IX, qui n'avait alors que dix ans. 3. Honorat de Savoie (1538-1572), gouverneur de Provence. 4. Jacqueline de Rohan (?-1586), mariée en 1536 à François de Longueville, comte de Neufchâtel, veuve en 1548. Mme de Lafayette commet une inexactitude. Le comté de Neufchâtel n'est érigé en principauté qu'en 1648, dans un article des traités de Westphalie. Marguerite de Navarre prend déjà Mme de Neufchâtel pour héroïne de la 53e nouvelle de l'*Heptaméron*.

---

a. NM : *Histoire*. MF : *La Comtesse de Tende, nouvelle historique. Par Madame de Lafayette.* b. MF : *une.* c. NM et MF : *l'amie intime.*

de ce nom, qui lui avait laissé[a] cette souveraineté qui la rendait le parti de la Cour le plus élevé et le plus brillant.

Le Chevalier de Navarre[1], descendu des anciens souverains de ce royaume, était aussi alors jeune, beau, plein d'esprit et d'élévation, mais la fortune ne lui avait donné d'autre bien que la naissance. Il jeta les yeux sur la Princesse de Neuchâtel, dont il connaissait l'esprit, comme sur une personne capable d'un attachement violent et propre à faire la fortune d'un homme comme lui. Dans cette vue, il s'attacha à elle sans en être amoureux et attira son inclination : il en fut souffert[2], mais il se trouva encore fort[b] éloigné du succès qu'il désirait. Son dessein était ignoré de tout le monde. Un seul de ses amis avait sa confidence et cet ami était aussi ami intime[c] du Comte de Tende. Il fit consentir le Chevalier de Navarre à confier son secret au comte dans la vue qu'il l'engagerait[d] à le servir auprès de la Princesse de Neuchâtel. Le Comte de Tende aimait déjà le Chevalier de Navarre. Il en parla à sa femme pour qui il commençait à avoir plus de considération et l'obligea en effet de faire ce qu'on désirait. La Princesse de Neuchâtel lui avait déjà fait confidence de son inclination pour le Chevalier de Navarre. Cette comtesse la fortifia.

Le Chevalier la vint voir. Il prit des liaisons et des mesures[3] avec elle, mais, en la voyant, il prit aussi pour elle une passion violente, mais il ne s'y abandonna pas d'abord. Il vit les obstacles que des sentiments partagés entre l'amour et l'ambition apporteraient à son dessein. Il résista, mais, pour réussir[e], il ne fallait pas voir souvent la Princesse de Neufchâtel[f]. Ainsi, il devint éperdument amoureux de la comtesse.

Il ne put cacher entièrement sa passion. Elle s'en aper-

---

1. Ce personnage est imaginaire, mais plusieurs bâtards de France ont porté le nom de la maison de Navarre.   **2.** Toléré.   **3.** Prendre des liaisons et des mesures : établir des rapports, des relations.

---

a. NM et MF : *en mourant.*   **b.** NM et MF : *bien.*   **c.** NM et MF : *intime ami.*   **d.** NM et MF : *l'obligerait.*   **e.** MF : *résister.*   **f.** NM et MF : *souvent la Comtesse de Tende, et il la voyait tous les jours en cherchant la Princesse de Neufchâtel.*

çut. Son amour-propre en fut flatté. Elle sentit une inclination violente[a] pour lui. Un jour, comme elle lui parlait
de la grande fortune d'épouser la Princesse de Neufchâtel,
il lui dit en la regardant d'un air où sa passion était entièrement déclarée : « Et croyez-vous, Madame, qu'il n'y ait
point de fortune que je préférasse à celle d'épouser cette
Princesse ? » La Comtesse de Tende fut frappée des
regards et des paroles du Chevalier. Elle le regardait[b] et
il y eut un trouble et un silence entre eux plus parlant que
les paroles. Depuis ce jour-là[c], la comtesse fut dans une
agitation qui lui ôta le repos. Elle sentit les remords d'ôter
à son amie intime le cœur d'un homme qu'elle allait
épouser uniquement pour en être aimée, qu'elle épousait
avec l'improbation[1] de tout le monde et aux dépens de
son élévation. Cette trahison lui fit horreur. La honte et
les malheurs d'une galanterie se présentèrent à son esprit.
Elle vit l'abîme où elle se précipitait et elle résolut de
l'éviter. Elle tint mal ses résolutions.

La princesse était presque déterminée à épouser le Chevalier de Navarre, néanmoins elle n'était pas contente de
la passion qu'il avait pour elle et, au travers de celle
qu'elle avait pour lui et du soin qu'il prenait de la tromper, elle démêlait la tiédeur de ses sentiments. Elle s'en
plaignit à la Comtesse de Tende. Cette comtesse la rassura, mais les plaintes de Madame de Neufchâtel achevè-
rent de troubler la comtesse. Elles lui firent voir l'étendue
de sa trahison, qui coûterait peut-être la fortune de son
amant. Elle l'avertit des défiances de la Princesse de
Neufchâtel. Il lui témoigna de l'indifférence pour tout,
hors d'être aimé d'elle. Néanmoins, il se contraignit par
ses ordres et rassura si bien la Princesse de Neuchâtel
qu'elle fit voir à la Comtesse de Tende qu'elle était entièrement satisfaite du Chevalier de Navarre. La jalousie se

---

1. Désapprobation. Les premiers éditeurs de la nouvelle ne comprennent
pas ce mot rare qu'ils remplacent par « approbation », entraînant un évident
non-sens.

---

a. NM et MF : *Elle se sentit un amour violent pour lui.* Le manuscrit de
Munich porte la même leçon que celui de Sens.   b. NM et MF : *Elle le
regarda des mêmes yeux dont il la regardait.*   c. MF : *ce temps.*

saisit alors de la comtesse. Elle craignit que son amant n'aimât véritablement la princesse. Elle vit toutes les raisons qu'il avait de l'aimer. Leur mariage, qu'elle avait souhaité, lui fit horreur. Elle ne voulait pourtant pas qu'il se rompît et elle se trouvait dans une cruelle incertitude.

Elle laissa voir au Chevalier tous ses remords sur la Princesse de Neufchâtel. Elle résolut seulement de lui cacher sa jalousie et crut en effet la lui avoir cachée. La passion de la princesse surmonta enfin ses[a] irrésolutions. Elle se détermina à son mariage et se résolut de le faire secrètement et de ne le déclarer que quand il serait fait[1]. La Comtesse de Tende était présente et pensa expirer[b] de douleur. Le même jour qui fut pris pour le mariage, il y avait une cérémonie publique. Son mari y assista. Elle y envoya toutes ses femmes. Elle fit dire qu'on ne la voyait pas et s'enferma dans son cabinet, couchée sur un lit de repos et abandonnée à tout ce que les remords et la jalousie[c] peuvent avoir[d] de plus douloureux. Comme elle était dans cet état, elle entendit ouvrir une porte dérobée de son cabinet et vit paraître le Chevalier de Navarre, paré et d'une grâce au-dessus de ce qu'elle l'avait jamais vu : « Chevalier, où allez-vous, s'écria-t-elle, que cherchez-vous ? Avez-vous perdu la raison ? Qu'est devenu votre mariage et songez-vous à ma réputation ? — Soyez en repos de votre réputation[e], lui répondit-il. Personne[f] ne le peut savoir. Il n'est pas question de mon mariage, il ne s'agit plus de ma fortune. Il ne s'agit plus que de votre cœur, Madame, et d'être aimé de vous : je renonce à tout le reste. Vous m'avez laissé voir que vous ne me haïssiez pas, mais vous m'avez voulu cacher que je suis assez heureux pour que mon mariage vous fasse de la peine. Je viens vous dire, Madame, que j'y renonce, que ce mariage

---

1. Ce remariage de Mme de Neufchâtel est une invention de la romancière.

---

a. NM et MF : *toutes ses.* **b.** NM : *était prête d'expirer,* MF : *était prête à expirer.* **c.** NM et MF : *les remords, l'amour et la jalousie.* **d.** NM et MF : *faire sentir.* **e.** NM et MF ajoutent : *Madame.* **f.** NM et manuscrit de Munich : *Personne ne sait que je suis ici et personne.*

me serait un supplice et que je ne veux vivre que pour vous. L'on m'attend à l'heure que je vous parle, tout est prêt, mais je vais tout rompre si, en le rompant, je fais une chose qui vous soit agréable et qui vous prouve ma passion. »

La comtesse se laissa tomber sur son lit de repos d'où elle s'était levée à demi et, regardant le Chevalier avec [a] des yeux pleins d'amour et de larmes : « Vous voulez donc que je meure ? lui dit-elle. Croyez-vous qu'un cœur puisse contenir tout ce que vous me faites sentir ? Quitter à cause de moi la fortune qui vous attend ? Je n'en puis seulement supporter la pensée. Allez à Madame la Princesse de Neufchâtel. Allez à la grandeur qui vous est destinée : vous aurez mon cœur en même temps. Je ferai de mes remords, de mes incertitudes et de ma jalousie, puisqu'il faut vous l'avouer, tout ce que ma faible raison me conseillera, mais je ne vous verrai jamais si vous n'allez tout à l'heure achever votre mariage. Allez, ne demeurez pas un moment, mais, pour l'amour de moi et de [b] vous-même, renoncez à une passion aussi déraisonnable que celle que vous me témoignez et qui nous conduira peut-être à d'horribles malheurs. »

Le Chevalier fut d'abord transporté de joie de se voir si véritablement aimé de la Comtesse de Tende, mais l'horreur de se donner à une autre lui revint devant les yeux. Il pleura, il s'affligea, il lui promit tout ce qu'elle voulut, à condition qu'il la verrait [c] encore dans le même lieu. Elle voulut savoir, avant qu'il sortît, comment il y était entré. Il lui dit qu'il s'était fié à un écuyer qui était à elle et qui avait été à lui, qu'il l'avait fait passer par la cour des écuries où répondait le petit degré qui venait [d] à ce cabinet et qui répondait aussi à la chambre de l'écuyer. Cependant, l'heure du mariage pressait [e] et le Chevalier, pressé de la Comtesse de Tende, fut enfin contraint de s'en aller, mais il alla comme au supplice à la plus grande

---

a. S omet *avec.* On rétablit suivant NM et MF.   **b.** NM et MF : *et pour l'amour de.*   **c.** NM et MF : *reverrait.*   **d.** MF : *menait.* **e.** MF : *approchait.*

et à la plus agréable fortune où un cadet sans biens eût jamais été élevé.

La Comtesse de Tende passa la nuit comme on se le peut imaginer, agitée par les inquiétudes[1]. Elle appela ses femmes sur le matin et, peu de temps après que sa chambre fut ouverte, elle vit son écuyer, qui s'appelait Lalande, s'approcher d'elle et mettre une lettre sur son lit sans que personne s'en aperçût. Cette lettre lui fit battre le cœur et parce qu'elle la reconnut être du Chevalier de Navarre et parce qu'il était si peu vraisemblable qu['il eût eu le loisir de lui écrire][a] pendant cette nuit qui devait être celle des noces, [qu'elle craignit][b] qu'il n'eût apporté ou qu'il ne fût arrivé quelque obstacle[c] à son mariage. Elle ouvrit la lettre avec beaucoup d'émotion et y trouva à peu près ces mots :

Je ne pense qu'à vous, Madame. Je ne suis occupé que de vous et, dans les premiers moments de la possession légitime du plus grand parti de France, à peine le jour commence à paraître que je quitte sa chambre où j'ai passé la nuit pour vous dire, Madame, que je me suis déjà repenti mille fois de vous avoir obéi et de n'avoir pas tout abandonné pour ne vivre que pour vous.

Cette lettre et les moments où elle était écrite, touchèrent sensiblement la Comtesse de Tende. Elle alla dîner chez la Princesse de Neufchâtel qui l'en avait priée. Son mariage était déclaré[2]. Elle trouva un nombre infini de personnes dans sa chambre, mais, sitôt que cette princesse la vit, elle quitta tout le monde et la pria de passer dans son cabinet. À peine étaient-elles assises que le visage de la princesse se couvrit de larmes. La comtesse crut que c'était l'effet de la déclaration de son mariage et qu'elle la trouvait plus difficile à supporter qu'elle ne l'avait imaginé, mais elle vit bientôt qu'elle se trompait. « Ah !

---

1. Tourments.		2. Rendu public, officiel.

---

a. La complétive entre crochets manque dans S. La correction est celle que proposent NM et MF.		b. Voir note précédente.		c. MF : *quelques obstacles.*

Madame, lui dit la princesse, qu'ai-je fait ? J'ai épousé un homme par passion. J'ai fait un mariage inégal, désapprouvé, qui m'abaisse, et celui que j'ai préféré à tout en aime une autre. » La Comtesse de Tende pensa s'évanouir à ces paroles. Elle crut que la princesse ne pouvait avoir pénétré la passion de son mari sans en avoir aussi démêlé la cause. Elle ne put répondre. La Princesse de Navarre, qui fut ainsi appelée depuis son mariage, n'y prit pas garde et, continuant : « M. le Prince de Navarre, lui dit-elle, Madame, bien loin d'avoir l'impatience que lui devait donner la conclusion de notre mariage se fit attendre hier au soir. Il vint sans joie, l'esprit occupé et embarrassé. Il est sorti de ma chambre à la pointe du jour sur je ne sais quel prétexte, mais il venait d'écrire : je l'ai connu à ses mains. À qui pouvait-il écrire qu'à une maîtresse ? Pourquoi se faire attendre ? De quoi avait-il l'esprit embarrassé ? » L'on vint dans ce moment interrompre cette conversation parce que la Princesse de Condé[1] arrivait. La Princesse de Navarre alla la voir[a] et la Comtesse de Tende demeura hors d'elle-même. Elle écrivit dès le soir au Prince de Navarre pour lui donner avis des soupçons de sa femme et pour l'obliger de se contraindre.

Leur passion ne s'alentit[b] point par les périls et par les obstacles. La Comtesse de Tende n'avait point de repos et le sommeil ne trouvait plus de place dans ses yeux[c]. Un matin, après qu'elle eut appelé ses femmes, Lalande l'écuyer s'approcha d'elle et lui dit tout bas que le Prince de Navarre était dans son cabinet et qu'il la conjurait instamment qu'il lui pût dire une chose qu'il était absolument nécessaire qu'elle sût. L'on cède aisément à ce qui plaît. La Comtesse de Tende savait que son mari était sorti. Elle dit qu'elle voulait dormir. Elle ordonna à ses femmes de refermer ses portes et de ne point revenir qu'elle ne les appelât. Le Prince de Navarre entra par ce

---

1. Éléonore de Roye (1535-1564), mariée en 1551 à Louis de Bourbon, prince de Condé.

---

a. NM et MF : *recevoir.*   **b.** Le terme est rare. NM et MF corrigent : *se ralentit.*   **c.** MF : *le sommeil ne venait plus adoucir ses chagrins.*

cabinet et se jeta à genoux devant son lit. « Qu'avez-vous
à me dire, lui dit-elle ? — Que je vous aime, Madame,
que je vous adore, que je ne saurais vivre avec Madame
de Navarre. Le désir de vous voir s'est saisi de moi ce
matin avec une telle violence que je n'ai pu y résister. Je
suis venu ici au hasard de tout ce qui en pourrait arriver
et sans espérer même de vous entretenir. »

La comtesse le gronda d'abord de la commettre si légè-
rement et ensuite leur passion les conduisit à une conversation si longue que le Comte de Tende revint de la ville.
Il alla à l'appartement de sa femme. On lui dit qu'elle
n'était pas éveillée. Il était tard. Il ne laissa pas d'entrer
dans sa chambre et trouva le Prince de Navarre à genoux
devant son lit comme il s'était mis d'abord[1]. Jamais étonnement ne fut pareil à celui du Comte de Tende, et jamais
trouble n'égala celui de sa femme. Le Prince de Navarre
conserva seul de la présence d'esprit et sans se troubler
ni se lever de sa place : « Venez, venez, dit-il au Comte
de Tende, m'aider à obtenir une grâce que je demande à
genoux et que l'on me refuse. » Le ton clair[a] du Prince
de Navarre suspendit l'étonnement du Comte de Tende.
« Je ne sais, lui répondit-il avec le même ton qu'avait
parlé le prince, si une grâce que vous demandez[b] à ma
femme quand l'on dit qu'elle dort et que je vous trouve
seul avec elle et sans carrosse à ma porte sera de celles
que je souhaiterais qu'elle vous accorde. » Le Prince de
Navarre, rassuré et hors de l'embarras du premier
moment, se leva, s'assit avec une liberté entière[c] et la
Comtesse de Tende, tremblante et éperdue, cacha son
trouble par l'obscurité du lieu où elle était.

Le Prince de Navarre prit la parole et dit au Comte de
Tende : « Je vais vous surprendre, vous m'allez blâmer,
mais il faut néanmoins me secourir. Je suis amoureux et
aimé de la plus aimable[d] personne de la Cour. Je me
dérobai hier au soir de chez la Princesse de Navarre et de

---

1. D'emblée, en arrivant.

a. NM et MF : *le ton et l'air.*   b. NM et MF : *demandez à genoux.*
c. S omet *entière*. On rétablit en suivant la leçon de NM et MF.
d. NM : *belle.*

tous mes gens pour aller à un rendez-vous où cette personne m'attendait. Ma femme qui a déjà démêlé que je suis occupé d'autre chose que d'elle et qui a attention à ma conduite a su par mes gens que je les avais quittés. Elle est dans une jalousie et un désespoir dont rien n'approche. Je lui ai dit que j'avais passé les heures qui lui donnaient de l'inquiétude chez la Maréchale de Saint-André[1] qui est incommodée et qui ne voit presque personne et je lui ai dit que Madame la Comtesse de Tende y était seule et qu'elle pourrait[a] lui demander si elle ne m'y avait pas vu tout le soir. J'ai pris le parti de me venir confier à Madame la Comtesse. Je suis allé chez La Châtre[2] qui n'est qu'à trois pas d'ici. J'en suis sorti sans que mes gens m'aient vu. L'on m'a dit que Madame la Comtesse de Tende était éveillée. Je n'ai trouvé personne dans son antichambre et je suis entré hardiment. Elle me refuse de mentir en ma faveur. Elle dit qu'elle ne veut pas trahir son amie et me fait des réprimandes très sages : je me les suis faites à moi-même inutilement. Il faut ôter à Madame de Navarre l'inquiétude et la jalousie où elle est et me tirer du mortel embarras de ses reproches. »

La comtesse ne fut guère moins surprise de la présence d'esprit du Prince de Navarre qu'elle l'avait été de la venue de son mari. Elle se rassura. Il ne demeura pas le moindre doute au Comte de Tende. Il se joignit à sa femme pour faire voir au Prince de Navarre l'abîme des malheurs où il était plongé[b] et ce qu'il devait à cette Princesse et la Comtesse de Tende promit de lui dire tout ce que voulait son mari. Comme il allait sortir, le Comte de Tende l'arrêta : « Pour récompense des services que nous vous allons rendre aux dépens de la vérité, apprenez-nous du moins, lui dit-il, qui est cette aimable maîtresse. Il faut

1. Marguerite de Lustrac, mariée à Jacques d'Albon, maréchal de Saint-André (1547), comblé de faveurs par Henri II. Le maréchal, qui mourut en 1562, figure parmi les personnages de *La Princesse de Clèves*.   **2.** Il a existé un Gaspard de La Châtre (?-1578), gentilhomme ordinaire de la chambre du roi. Il épousa en 1570 une cousine du comte de Tende.

a. MF : *pouvait*.   **b.** NM et MF : *s'allait plonger*.

que ce ne soit pas une personne bien[a] estimable de vous
aimer et de conserver avec vous un commerce vous
voyant embarqué[1] avec une personne aussi belle que
Madame la Princesse de Navarre, vous la voyant épouser
et voyant ce que vous lui devez. Il faut dire que cette
personne n'a ni esprit ni courage ni délicatesse et, en
vérité, elle ne mérite pas que vous troubliez un aussi
grand bonheur que le vôtre et que vous vous rendiez si
ingrat et si coupable. » Le prince ne sut que répondre. Il
feignit d'avoir hâte. Le Comte de Tende le fit sortir lui-
même afin qu'il ne fût pas vu.

La Comtesse de Tende demeura éperdue du hasard
qu'elle avait couru, des réflexions que lui faisaient faire
les paroles de son mari et de la vue des malheurs où sa
passion l'exposait. Mais elle n'eut pas la force de s'en
dégager. Elle continua son commerce avec le Prince de
Navarre. Elle le voyait quelquefois par l'entremise de
Lalande. Elle se trouvait et elle était en effet une des
plus malheureuses femmes[b] du monde. La Princesse de
Navarre lui faisait tous les jours confidence d'une jalousie
dont elle était la cause. Cette jalousie la pénétrait de
remords et, quand la Princesse de Navarre était contente
de son mari, elle était perdue[c] de jalousie à son tour. Il
se joignit un nouveau tourment à ceux qu'elle avait déjà :
le Comte de Tende devint aussi amoureux d'elle que si
elle n'eût point été sa femme. Il ne la quittait point et
voulait reprendre tous les droits qu'il avait méprisés. La
comtesse s'y opposa avec une force et une aigreur qui
allait jusqu'au mépris : prévenue pour le Prince de
Navarre, elle était blessée et offensée de toute autre passion que de la sienne[d]. La campagne s'approchait. Le

---

1. Engagé.

---

a. NM et MF : *fort.*   **b.** NM et MF : *personnes.*   **c.** NM et MF :
elle-même était pénétrée.   **d.** Les éditeurs de la nouvelle développent.
NM : *Le Comte de Tende sentit son procédé dans toute sa dureté et presque
jusqu'au vif. Il l'assura qu'il ne l'importunerait de sa vie. En effet, il la
laissa avec beaucoup de sécheresse.* MF : *Le Comte de Tende sentit son
procédé dans toute sa dureté et, piqué jusqu'au vif, il l'assura qu'il ne
l'importunerait de sa vie et, en effet, il la laissa avec beaucoup de sécheresse.*

Prince de Navarre devait partir pour l'armée. La Comtesse de Tende commença à sentir les douleurs de son absence et la crainte des périls où il serait exposé. Elle résolut de se dérober à la contrainte de cacher sans cesse son affliction et prit le parti d'aller passer la belle saison dans une terre qu'elle avait à trente lieues de Paris. Elle exécuta ce qu'elle avait projeté. Leur adieu fut si douloureux qu'ils en devaient tirer l'un et l'autre un mauvais augure. Le Comte de Tende resta [a] auprès du Roi, où il était attaché par sa charge.

La Cour devait s'approcher de l'armée. La maison de Madame de Tende n'en était pas bien loin. Son mari lui dit qu'il y ferait un voyage d'une nuit seulement pour des ouvrages qu'il avait commencés. Il ne voulut pas qu'elle pût croire que ce fût pour la voir : il avait contre elle tout le dépit que donnent les passions.

Madame de Tende avait trouvé dans les commencements le Prince de Navarre si plein de respect et elle s'était sentie tant de vertu qu'elle ne s'était défiée ni de lui ni d'elle-même, mais le temps et les occasions avaient triomphé de la vertu et du respect et, peu de temps après qu'elle fut chez elle, elle s'aperçut qu'elle était grosse. Il ne faut que faire réflexion à la réputation qu'elle avait acquise et conservée et à l'état où elle était avec son mari pour juger de son désespoir. Elle fut pressée plusieurs fois d'attenter à sa vie, cependant elle conçut quelque légère espérance sur le voyage que son mari devait faire auprès d'elle. Elle résolut d'en attendre le succès. Dans cet accablement, elle eut encore la douleur d'apprendre que Lalande, qu'elle avait laissé à Paris pour les lettres de son amant et les siennes, était mort en peu de jours et elle se trouvait dénuée de tout secours dans un temps où elle en avait tant de besoin.

Cependant, l'armée avait entrepris un siège. Sa passion pour le Prince de Navarre lui donnait de nouvelles [b] craintes même au travers des mortelles horreurs dont elle était agitée. Ses craintes ne se trouvèrent que trop bien fondées. Elle reçut des lettres de l'armée. Elle apprit la

---

a. NM et MF : *demeura.*   **b.** NM et MF : *continuelles.*

fin du siège, mais elle apprit aussi que le Prince de
Navarre avait été tué le dernier jour. Elle perdit la
connaissance et la raison. Elle fut plusieurs fois privée de
l'une [a] et de l'autre. Cet excès de malheurs lui paraissait
dans des moments une espèce de consolation. Elle ne
craignait plus rien pour son repos, pour sa réputation ni
pour sa vie. La mort seule lui paraissait désirable. Elle
l'espérait de sa douleur ou était résolue de se la donner.
Un reste de honte l'obligea à dire qu'elle sentait des douleurs excessives pour donner un prétexte à ses cris et à
ses larmes. Si mille adversités [b] la firent retourner sur elle-
même, elle vit qu'elle les avait méritées et la nature et
le christianisme [1] la détournaient [c] d'être homicide d'elle-
même et suspendirent l'exécution de ce qu'elle avait
résolu. Il n'y avait pas longtemps qu'elle était dans ces
violentes douleurs, lorsque le Comte de Tende arriva.

Elle croyait connaître tous les sentiments que son malheureux état lui pouvait inspirer, mais l'arrivée de son
mari lui donna encore un trouble et une confusion qui lui
fut nouvelle. Il sut en arrivant qu'elle était malade et,
comme il avait toujours conservé des mesures d'honnê-
teté aux yeux du public et de son domestique [2], il vint
d'abord dans sa chambre. Il la trouva comme une personne hors d'elle-même et comme une personne égarée et
elle ne put retenir ses cris et ses larmes, qu'elle attribuait
toujours aux douleurs qui la tourmentaient. Le Comte de
Tende fut touché de l'état où il la voyait. Il s'attendrit
pour elle. Croyant faire quelque diversion à ses douleurs,
il lui parla de la mort du Prince de Navarre et de l'affliction de sa femme. Celle de Madame de Tende ne put
résister à ce discours et ses cris et ses larmes redoublèrent
d'une telle sorte que le Comte de Tende en fut surpris et
presque éclairé.

Il sortit de sa chambre plein de trouble et d'agitation.

---

1. L'usage de ce terme dans une œuvre de fiction romanesque est insolite.   2. Les gens de sa maison, ses familiers, pas nécessairement des
serviteurs.

---

a. S, NM et MF : *l'un.*   **b.** NM : *Ses adversités.*   **c.** NM et MF :
détournèrent.

Il lui sembla que sa femme n'était pas dans l'état que causent les douleurs du corps. Ce redoublement de larmes, lorsqu'il avait parlé de la mort du Prince de Navarre, l'avait frappé et, tout d'un coup, l'aventure de l'avoir trouvé à genoux devant son lit se présenta à son esprit. Il se souvint du procédé qu'elle avait eu avec lui lorsqu'il avait voulu retourner à elle et, enfin, il crut voir la vérité, mais il lui restait néanmoins ce doute que l'amour-propre nous laisse toujours pour les choses qui coûtent trop cher à croire. Son désespoir fut extrême et toutes ses pensées furent violentes, mais, comme il était sage, il retint ses premiers mouvements. Il résolut de partir le lendemain à la pointe du jour sans voir sa femme, remettant au temps à lui donner plus de certitude et à prendre ses résolutions. Quelque abîmée que fût Madame de Tende dans sa douleur, elle n'avait pas laissé de s'apercevoir du peu de pouvoir qu'elle avait eu sur elle-même et de l'air dont son mari était sorti de sa chambre. Elle se douta d'une partie de la vérité et, n'ayant plus que de l'horreur pour sa vie, elle se résolut de la perdre d'une manière qui ne lui ôtât pas l'espérance de l'autre [1].

Après avoir examiné ce qu'elle allait faire avec des agitations mortelles, pénétrée de ses malheurs et du repentir de sa vie, elle se détermina enfin et écrivit ces mots à son mari :

LETTRE [2]

Cette lettre me va coûter la vie, mais je mérite la mort et je la désire. Je suis grosse. Celui qui est la cause de mon malheur n'est plus au monde, aussi bien que le seul homme qui savait notre commerce [3]. Le public ne l'a jamais soupçonné. J'avais résolu de finir ma vie par mes mains, mais je l'offre à Dieu et à vous-même pour l'expiation de mon crime. Je n'ai pas voulu me déshonorer

---

1. Sacrilège, le suicide entraîne la damnation de celui qui l'a perpétré. **2.** Ce sous-titre ne figure pas dans les versions imprimées. **3.** Relation amoureuse.

aux yeux du monde, parce que ma réputation vous
regarde : conservez-la pour l'amour de vous. Je vais faire
paraître l'état où je suis. Cachez-en la honte [a] *et faites-*
moi périr quand vous voudrez et comme vous [b] *voudrez.*

Le jour commençait à paraître lorsqu'elle eut écrit cette
lettre, la plus difficile à écrire qui ait peut-être jamais été
écrite. Elle la cacheta, se mit à la fenêtre et, comme elle
vit le Comte de Tende dans la cour prêt à monter en
carrosse, elle envoya une de ses femmes la lui porter et
lui dire qu'il n'y avait rien de pressé et qu'il la lût à
loisir.

Le Comte de Tende fut surpris de cette lettre. Elle lui
donna une sorte de pressentiment, non pas de tout ce qu'il
y devait trouver, mais de quelque chose qui avait rapport
à ce qu'il avait déjà pensé la veille. Il monta seul en
carrosse, plein de trouble et n'osant même ouvrir la lettre,
quelque impatience qu'il eût de la lire. Il la lut enfin et
apprit son malheur, mais que ne pensa-t-il point après
l'avoir lue ! S'il eût eu des témoins, ce violent état où il
était l'aurait fait croire privé de raison ou prêt de perdre
la vie. La jalousie et les soupçons bien fondés préparent
d'ordinaire les maris à leur malheur. Ils ont même toujours quelque doute, mais ils n'ont pas cette certitude que
donne l'aveu, qui est au-dessus de nos lumières. Le
Comte de Tende avait toujours trouvé sa femme très
aimable, quoiqu'il ne l'eût pas également aimée, mais elle
lui avait toujours paru la plus estimable femme qu'il eût
jamais vue. Ainsi, il n'avait pas moins d'étonnement que
de fureur et, au travers de l'un et de l'autre, il sentait
encore, malgré lui, une douleur où la tendresse avait
quelque part. Il s'arrêta dans une maison qui se trouva
sur son chemin, où il passa plusieurs jours, affligé et
agité, comme on peut se l'imaginer.

Il pensa d'abord tout ce qu'il était naturel de penser en
cette occasion. Il ne songea qu'à faire mourir sa femme,
mais la mort du Prince de Navarre et celle de Lalande,
qu'il reconnut aisément pour le confident, ralentit un peu

---

a. NM : *la cause.*   **b.** S omet *vous.*

sa fureur. Il ne douta pas que sa femme ne lui dît vrai en lui disant que son commerce n'avait jamais été soupçonné. Il jugea que le mariage du Prince de Navarre pouvait avoir trompé tout le monde, puisqu'il avait été trompé lui-même après une conviction si grande que celle qui s'était présentée à ses yeux. Cette ignorance entière du public pour son malheur lui fut un adoucissement, mais les circonstances qui lui faisaient voir à quel point et de quelle manière il avait été trompé, lui perçaient le cœur et il ne respirait que la vengeance. Il pensa néanmoins que, s'il faisait mourir sa femme et qu'on s'aperçût qu'elle fût grosse, l'on soupçonnerait aisément la vérité. Comme il était l'homme du monde le plus glorieux [1], il prit le parti qui convenait le mieux à sa gloire et résolut de ne laisser rien voir au public. Dans cette pensée, il résolut d'envoyer un gentilhomme à la Comtesse de Tende avec ce billet :

BILLET [2]

Le désir d'empêcher l'éclat de ma honte l'emporte présentement sur ma vengeance. Je verrai dans la suite ce que je donnerai [3] [a] à votre indigne destinée. Conduisez-vous comme si vous aviez toujours été ce que vous deviez être.

La comtesse reçut ce billet avec joie. Elle le croyait l'arrêt de sa mort et, quand elle vit que son mari consentait qu'elle laissât paraître sa grossesse, elle sentit bien que la honte est la plus violente de toutes les passions.

Elle se trouva dans une sorte de calme de se croire assurée de mourir et de voir sa réputation en sûreté. Elle ne songea plus qu'à se préparer à la mort et, comme

---

1. Attaché à sa gloire, fier, voire orgueilleux.   **2.** Ce sous-titre ne figure pas dans les versions imprimées.   **3.** « Juger de quelque chose, lui attribuer quelque qualité. Combien *donnez*-vous à cette veuve ? Je lui *donne* bien 40 ans à voir son infirmité » (Furetière, 1690).

---

a. NM et MF : *j'ordonnerai.*

c'était une personne dont tous les sentiments étaient vifs, elle embrassa la vertu et la pénitence avec la même ardeur qu'elle avait suivi sa passion. Son âme était d'ailleurs détrempée[1] et noyée dans l'affliction. Elle ne pouvait arrêter ses yeux sur aucune chose de cette vie qui ne lui fût plus rude que la mort même, de sorte qu'elle ne voyait de remèdes à ses malheurs que par la fin de sa malheureuse vie. Elle passa quelque temps dans cet état, paraissant plutôt une personne morte qu'une personne vivante. Enfin, vers le sixième mois de sa grossesse, son corps succomba, la fièvre continue lui prit et elle accoucha par la violence du mal[a]. Elle eut la consolation de voir son enfant en vie, d'être assurée qu'il ne pouvait vivre et qu'elle ne donnait pas un héritier légitime à son mari[2]. Elle expira peu de jours après et reçut la mort avec une joie que personne n'a jamais ressentie[3]. Elle chargea son confesseur d'aller porter à son mari la nouvelle de sa mort, de lui demander pardon de sa part et de le supplier d'oublier sa mémoire, qui ne lui pouvait être qu'odieuse. Le Comte de Tende reçut cette nouvelle sans inhumanité et même avec quelques sentiments de pitié, mais néanmoins avec joie. Quoiqu'il fût fort jeune, il ne voulut jamais se remarier, les femmes lui faisant horreur[b], et il a vécu jusqu'à un âge très avancé[4].

---

1. À comprendre au sens littéral comme une annonce de « noyée ». NM et MF corrigent cependant en : *détrompée*.   2. Le fait que l'enfant soit en vie à la naissance permet de le baptiser, donc de sauver son âme. Sa mort aussitôt ensuite évite à M. de Tende le dilemme de révéler l'infidélité de sa femme ou de reconnaître un bâtard.   3. La vraie comtesse de Tende, que Brantôme tient pour une des plus « honnêtes, belles, bonnes, courageuses dames de France », mourut à Marseille en 1564. Tombée à la mer lors d'une promenade qu'elle faisait sur la galère réale en compagnie de Charles IX, elle fut sauvée sur le moment, mais ne se remit pas de son accident.   4. Devenu veuf, le comte de Tende se remaria en fait et mourut à trente-quatre ans, empoisonné par ordre du roi, pour avoir refusé de perpétrer dans son gouvernement de Provence le massacre de la Saint-Barthélemy.

---

a. NM et MF : *de son mal.*   b. L'incise manque dans MF.

CHRONOLOGIE

1633 *(5 février)* Marc Pioche, sieur de la Vergne, épouse à Saint-Sulpice Isabelle Pena. De petite noblesse, ancien militaire, fin lettré, Marc Pioche est gouverneur du marquis de Brézé, le neveu de Richelieu. Isabelle Pena, issue d'une famille de médecins au service de la cour, appartient à l'entourage de la nièce du cardinal-ministre, Mme de Combalet.

1634 *(18 mars)* Baptême à Saint-Sulpice de Marie-Madeleine Pioche de La Vergne. Son parrain est le maréchal de Brézé, sa marraine l'influente Mme de Combalet.

1635 *(10 avril)* Naissance d'une deuxième fille, Éléonore-Armande, qui entrera en religion pour favoriser l'établissement de son aînée.

1636 Naissance d'une troisième fille, Isabelle-Louise, elle aussi vouée au couvent.

1636-1649 Marc Pioche reprend du service. Il accompagne le marquis de Brézé qui fait ses débuts militaires, puis Armand-Jean de Vignerod, neveu de Mme de Combalet (devenue duchesse d'Aiguillon) et futur duc de Richelieu. Marc Pioche revient à Paris entre ses campagnes. Sa femme gère leurs affaires de façon avisée. Ils bâtissent plusieurs immeubles sur des terrains qu'ils acquièrent en face des jardins du Luxembourg. Leur fille résidera dans l'un d'entre eux, rue Férou (ancienne rue Saint-Sulpice), jusqu'à sa mort.

1642 *(4 décembre)* Mort de Richelieu, dont Mazarin promu cardinal prend bientôt la place au Conseil du Roi.

1643 *(14 mai)* Mort de Louis XIII. Anne d'Autriche reçoit la régence du royaume.

1649 *(20 décembre)* Obsèques à Saint-Sulpice de Marc

Pioche qui avait reçu en mars le brevet de maréchal de camp pour récompense de sa fidélité à la cour lors des premiers troubles de la Fronde.

1650 *(21 décembre)* Isabelle Pena épouse en secondes noces Renaud-René de Sévigné. De vieille noblesse bretonne, cet ancien chevalier de Malte est un homme cultivé. Mlle de La Vergne profite de ses relations. Elle fait la connaissance de l'érudit Ménage, qui délaisse à son profit la marquise de Sévigné, nièce par alliance du chevalier. Le poète et romancier Scarron célèbre Mlle de La Vergne comme « toute lumineuse et toute précieuse ». La jeune fille, qui fréquente l'hôtel de Rambouillet, est nommée demoiselle d'honneur de la reine grâce à sa marraine.

1651 Création du monastère des Visitandines de Chaillot, où Mlle de La Vergne se lie d'amitié avec Louise-Angélique de Lafayette (sa future belle-sœur), la jeune Henriette d'Angleterre (réfugiée en France depuis l'exécution de son père, le roi Charles Ier) et Marie-Jeanne de Savoie-Nemours.

1652 *(25 décembre)* Renaud-René de Sévigné, proche du cardinal de Retz et qui a pris parti pour les Frondeurs, reçoit l'ordre de se retirer dans ses terres. Il quitte Paris aussitôt. Sa femme et sa belle-fille le rejoignent au début de l'année suivante. Isabelle Péna ramène sa fille à Paris en décembre 1654, pour la marier.

1655 *(15 février)* Mlle de La Vergne épouse à Saint-Sulpice François, comte de Lafayette, de haute et vieille noblesse d'Auvergne. Il est veuf. Il a trente-huit ans. Le couple rejoint ses terres en mars. Comme lors de son précédent séjour en province, Mme de Lafayette, informée par Ménage, continue de lire tout ce qui paraît à Paris.

1656 *(3 février)* Isabelle Péna meurt à Angers.
(printemps-été) Mme de Lafayette est de retour à Paris. Les salons de Mlle de Scudéry et de Mme du Plessis-Guénégaud lui sont ouverts. Elle rencontre chez cette dernière de nombreux proches de Port-Royal, dont le duc de La Rochefoucauld et plusieurs membres de la famille Arnauld. Elle découvre avec admiration les *Pro-*

vinciales de Pascal. *(septembre)* Mme de Lafayette rejoint son mari en Auvergne.

1657 *(fin)* Le comte et la comtesse reviennent à Paris. Mme de Lafayette occupe une remarquable position dans le monde. Deux jeunes Hollandais, les frères Villers, qui lui rendent visite lors de leur séjour dans la capitale, notent dans leur *Journal* qu'elle est « une des précieuses du plus haut rang et de la plus grande volée » (4 janvier 1658).

1658 *(7 mars)* Baptême à Saint-Sulpice de Louis de Lafayette (abbé, il mourra en 1729). La comtesse remise, le couple retourne en Auvergne.

1659 *(début)* M. et Mme de Lafayette sont à Paris. La comtesse fréquente notamment deux hommes de lettres, Jean Regnault de Segrais et Pierre-Daniel Huet. Elle publie dans le recueil de *Divers portraits* réunis par Mlle de Montpensier un portrait de son amie Mme de Sévigné. *(17 septembre)* Baptême à Saint-Sulpice de René-Armand de Lafayette, qui sera officier et mourra à Landau en 1694.

1660 Le chevalier de Sévigné obtient des religieuses de Port-Royal de Paris le droit de se faire construire un logement rue de la Bourbe, sur le mur d'enceinte du monastère. Il va y mener la vie d'un Solitaire.

1661 *(9 mars)* Mort de Mazarin. Louis XIV prend personnellement le pouvoir. *(31 mars)* Henriette d'Angleterre épouse le duc d'Orléans, frère de Louis XIV. Amie intime de la belle-sœur du roi, Mme de Lafayette a ses entrées à la cour.
(mi-septembre) Le comte rentre seul en Auvergne. Les époux ne se rencontreront plus que lors des rares et brefs séjours de M. de Lafayette à Paris. Mme de Lafayette tient salon et brille à la cour. Le *Dictionnaire des précieuses* lui consacre un article sous le nom de « Féliciane ».

1662 *(20 août)* Achevé d'imprimer de *La Princesse de Montpensier*.

1669 *(20 novembre)* Achevé d'imprimer du tome I de

Zayde. La romancière a travaillé en collaboration avec Segrais et Huet. Le premier signe l'ouvrage. Le second le fait précéder d'un *Traité de l'origine des romans.*

1670 *(29 juin)* Mort soudaine de la duchesse d'Orléans avec qui Mme de Lafayette avait entrepris une *Histoire de Madame* (publiée en 1720). La comtesse, dont la santé est délicate, commence à mener une existence plus retirée. Tous les jours cependant, elle voit La Rochefoucauld avec qui elle entretient des liens étroits depuis 1663-1664. Elle sert d'agent d'affaires à Marie-Jeanne de Savoie-Nemours, devenue régente de Savoie. « Lorsque sa santé ne lui a plus permis d'aller à la cour, on peut dire que toute la cour a été chez elle », écrira le *Mercure galant* dans sa notice nécrologique.

1671 *(2 janvier)* Achevé d'imprimer du tome II de *Zayde.*

1675 Le duc du Maine, second fils de Louis XIV et Mme de Montespan, reçoit pour ses étrennes une « Chambre du sublime » où figurent les miniatures de Boileau, Bossuet, La Fontaine, La Rochefoucauld, Racine et, unique femme parmi ces auteurs du panthéon de la littérature classique, Mme de Lafayette.

1678 *(8 mars)* Achevé d'imprimer de *La Princesse de Clèves,* qui suscite une forte controverse.

1680 *(16 mars)* Mort de La Rochefoucauld.

1683 *(26 juin)* Mort du comte de Lafayette à Paris. La comtesse reprend l'*Histoire de Madame.*

1686 *(novembre-décembre)* Mme de Lafayette correspond avec l'abbé de Rancé, le réformateur de la Trappe. Il l'incite à « se convertir ».

1689 *(12 décembre)* Mariage de René-Armand de Lafayette avec Anne-Madeleine de Marillac.

1690 *(novembre)* Mme de Lafayette se place sous la direction d'un oratorien, le père Duguet, très lié avec Port-Royal.

1693 *(25 mai)* Mort de Mme de Lafayette, assistée par la nièce de Pascal, Marguerite Périer. Elle est inhumée le 27 mai à Saint-Sulpice.

BIBLIOGRAPHIE SOMMAIRE

PRINCIPALES ÉDITIONS MODERNES

Histoire de la Princesse de Montpensier sous le règne de Charles IXe, Roi de France, éd. A. Beaunier, Paris, La Connaissance, 1926.

La Princesse de Montpensier, La Comtesse de Tende, dans *La Princesse de Clèves et autres romans,* éd. B. Pingaud, Paris, Gallimard, « Folio », 1972.

Histoire de la Princesse de Montpensier, Histoire de la Comtesse de Tende, éd. M. Cuénin, Genève, Droz, 1979.

La Princesse de Montpensier, La Comtesse de Tende, dans *Romans et Nouvelles de Mme de Lafayette,* éd. É. Magne et A. Niderst, Paris, Bordas, « Classiques Garnier », 1990.

La Princesse de Montpensier, La Comtesse de Tende, dans *Œuvres complètes de Mme de Lafayette,* éd. R. Duchêne, Paris, Bourin, 1990.

La Princesse de Montpensier, La Comtesse de Tende, dans *Romans et Nouvelles de Mme de Lafayette,* éd. A. Niderst, Paris, Bordas, « Classiques Garnier », 1997.

La Princesse de Montpensier, La Comtesse de Tende, dans *Nouvelles du XVIIe siècle,* éd. R. Picard et J. Lafond, Paris, Gallimard, « Bibliothèque de la Pléiade », 1997.

BIOGRAPHIES

DUCHÊNE (Roger), *Madame de Lafayette,* Paris, Fayard, 1988.

MAGNE (Émile), *Madame de Lafayette en ménage,* Paris, Émile-Paul, 1926, et *Le Cœur et l'Esprit de Madame de Lafayette,* Paris, Émile-Paul, 1927.

Études sur le roman et la nouvelle au XVIIᵉ siècle

Coulet (Henri), *Le Roman jusqu'à la Révolution,* Paris, Colin, 1968.

Deloffre (Frédéric), *La Nouvelle en France à l'âge classique,* Paris, Didier, 1968.

Godenne (René), *Histoire de la nouvelle française aux dix-septième et dix-huitième siècles,* Paris, Droz, 1970.

Lever (Maurice), *Romanciers du Grand Siècle,* Paris, Fayard, 1996.

Sgard (Jean), *Le Roman français à l'âge classique : 1600-1800,* Le Livre de Poche, coll. « Références », 2000.

Études générales sur l'œuvre de Mme de Lafayette

Francillon (Roger), *L'Œuvre romanesque de Mme de Lafayette,* Paris, Corti, 1973.

Gevrey (Françoise), *L'Esthétique de Madame de Lafayette,* Paris, SEDES, 1997.

Kreiter (Janine Anseaume), *Le Problème du Paraître dans l'œuvre de Madame de Lafayette,* Paris, Nizet, 1977.

Laugaa (Maurice), *Lectures de Mme de Lafayette,* Paris, Colin, 1971.

Pingaud (Bernard), *Madame de Lafayette par elle-même,* Paris, Seuil, 1959.

Sainte-Beuve, « Mme de Lafayette », *Portraits de femmes*, éd. G. Antoine, Paris, Gallimard, « Folio », 1998, p. 311-353.

Études sur les nouvelles

Cuénin (Micheline), « La terreur sans la pitié : la *Comtesse de Tende* », *Revue d'histoire littéraire de la France,* 1977, p. 478-499.

Duchêne (Roger), « Les deux *Princesses* sont-elles d'un même auteur ? », *Littératures classiques,* 12, 1990, p. 7-19.

Gevrey (Françoise), « L'aventure dans *La Princesse de Montpensier* et dans *La Princesse de Clèves* », *Littératures*, 21, 1989, p. 39-51.

Goldsmith (Elizabeth), « Les lieux de l'histoire dans *La Princesse de Montpensier* », *XVIIᵉ siècle,* 181, 1993, p. 705-716.

LYONS (John), « La présence d'esprit et l'histoire secrète : une lecture de *La Comtesse de Tende* », XVIIe siècle, 181, 1993, p. 717-732.

Table

Préface par Laurence Plazenet.................................... 5

Note sur le texte 28

HISTOIRE DE LA PRINCESSE DE MONTPENSIER 33

HISTOIRE DE LA COMTESSE DE TENDE............................ 71

Chronologie... 89

Bibliographie sommaire 93

Le Livre de Poche s'engage pour l'environnement en réduisant l'empreinte carbone de ses livres. Celle de cet exemplaire est de : **200 g éq. CO$_2$** Rendez-vous sur www.livredepoche-durable.fr

PAPIER À BASE DE FIBRES CERTIFIÉES

Composition réalisée par JOUVE

Achevé d'imprimer en novembre 2012 en Espagne par
Black Print CPI Iberica, S.L.
Sant Andreu de la Barca (08740)
Dépôt légal 1re publication : septembre 2003
Édition 06 – novembre 2012
LIBRAIRIE GÉNÉRALE FRANÇAISE – 31, rue de Fleurus – 75278 Paris Cedex 06

31/9314/1